CÓMO CRECER Y MULTIPLICAR TU CAPITAL

Descubre el Camino más Directo a la
Independencia Financiera Completa

CHAD ANDRUS

© **Copyright 2022 – Chad Andrus - Todos los derechos reservados.**

Este documento está orientado a proporcionar información exacta y confiable con respecto al tema tratado. La publicación se vende con la idea de que el editor no tiene la obligación de prestar servicios oficialmente autorizados o de otro modo calificados. Si es necesario un consejo legal o profesional, se debe consultar con un individuo practicado en la profesión.

- Tomado de una Declaración de Principios que fue aceptada y aprobada por unanimidad por un Comité del Colegio de Abogados de Estados Unidos y un Comité de Editores y Asociaciones.

De ninguna manera es legal reproducir, duplicar o transmitir cualquier parte de este documento en forma electrónica o impresa. La grabación de esta publicación está estrictamente prohibida y no se permite el almacenamiento de este documento a menos que cuente con el permiso por escrito del editor. Todos los derechos reservados.

La información provista en este documento es considerada veraz y coherente, en el sentido de que cualquier responsabilidad, en términos de falta de atención o de otro tipo, por el uso o abuso de cualquier política, proceso o dirección contenida en el mismo, es responsabilidad absoluta y exclusiva del lector receptor. Bajo ninguna circunstancia se responsabilizará legalmente al editor por cualquier reparación, daño o pérdida monetaria como consecuencia de la información contenida en este documento, ya sea directa o indirectamente.

Los autores respectivos poseen todos los derechos de autor que no pertenecen al editor.

La información contenida en este documento se ofrece únicamente con fines informativos, y es universal como tal. La presentación de la información se realiza sin contrato y sin ningún tipo de garantía endosada.

El uso de marcas comerciales en este documento carece de consentimiento, y la publicación de la marca comercial no tiene ni el permiso ni el respaldo del propietario de la misma. Todas las marcas comerciales dentro de este libro se usan solo para fines de aclaración y pertenecen a sus propietarios, quienes no están relacionados con este documento.

Índice

Introducción	vii
1. Cómo duplicar su dinero cada siete años: La parábola de Jill y el ciudadano medio	1
2. Cómo sentar unas bases sólidas: Cómo entender el mundo de la inversión	17
3. Cómo empezar con buen pie: Guía práctica para elegir una cuenta de inversión	31
4. Organizarse: Cómo elaborar su propio plan de inversión personal	61
5. Por qué necesita conocer sus alfas y betas de inversión: Una guía para la rentabilidad de las inversiones	73
6. Más allá de la Bolsa: Una introducción a las clases de activos Vender algo más que paraguas	105
7. Por qué el S&P 500 no es suficiente: cómo utilizar los principios de la diversificación para elegir una asignación inteligente de activos	117
8. Ponerlo en práctica: Cómo implementar sin problemas su asignación de activos objetivo utilizando ETFs	133
9. Cómo preparar un fondo de emergencia	139
10. No hagas esto al presupuestar	149
11. Evalúa periódicamente tu estrategia	157
Conclusión	161

Introducción

La inversión es un tema que tiene un aspecto extremadamente práctico y accionable, a diferencia de, por ejemplo, la historia de la Francia del siglo XIII (que también puede ser muy interesante, pero generalmente no es algo que la mayoría de la gente necesite practicar en su vida real).

Seamos sinceros: el dinero se ha convertido en uno de los aspectos más importantes de la vida humana. El dinero ya no sólo pertenece a los ricos; la gran mayoría de las personas tiene, aunque sea, el equivalente a un par de dólares en el bolsillo.

Pero también debemos admitir que todos quisiéramos tener un poco más que eso. Esa es la razón por la que, en las siguientes páginas, aprenderás a crecer tu propio capital.

Introducción

Eso no se consigue con un movimiento de varita mágica o usando calzoncillos de colores durante la celebración de Año Nuevo.

Aquí aprenderás lo necesario sobre inversiones, presupuestos, fondos de emergencia y seguimiento de gastos. La disciplina y la motivación la aportarás tú.

Este libro fue escrito para ser lo más práctico y práctico posible, y en varios lugares tenía sentido mencionar los nombres e incluso los símbolos de los productos que podrían utilizarse para seguir las estrategias discutidas. Igualmente encontrarás simulaciones o ejemplos matemáticos que te darán una mejor idea acerca de cómo tener mejores prácticas financieras. Incluso si crees que tu relación con los números no es muy buena, sentirás que estás en compañía de expertos que te facilitarán tu inicio en el mundo del bienestar financiero.

Ni el autor, ni el editor, ni nadie que participe en este libro tiene una participación financiera en ningún producto financiero mencionado en el libro. Tampoco nadie recibe ningún tipo de compensación de ninguno de los productos o empresas mencionados.

1

Cómo duplicar su dinero cada siete años: La parábola de Jill y el ciudadano medio

UNA PEQUEÑA INVERSIÓN inicial puede aumentar hasta una cantidad sorprendentemente grande si se mantiene durante varias décadas gracias a una asombrosa propiedad de los rendimientos conocida como "interés compuesto". La mayoría de los inversores no se dan cuenta de este potencial de creación de una gran riqueza tanto porque empiezan a ahorrar demasiado tarde en su carrera como porque no consiguen alcanzar ni siquiera una tasa de rendimiento media debido a las comisiones y a los errores de inversión.

La epidemia de analfabetismo financiero que subyace a ambos errores puede costar al inversor medio más de 500.000 dólares a lo largo de su vida.

. . .

La parábola de Jill y el ciudadano de a pie

Jill y Joe Promedio son similares en muchos aspectos:
Cada uno va a una universidad de cuatro años y se gradúa a los 22 años. Cada uno se incorpora al mercado laboral ganando 40.000 dólares al año.

Cada uno se jubila a los 65 años y vive los siguientes 20 años con los ahorros acumulados.

Cada uno de ellos pasa por los típicos altibajos que afectan a las finanzas, como la pérdida inesperada de un empleo, el matrimonio o tener un hijo más de lo previsto en el "plan quinquenal".

A pesar de todo, tanto Jill como el ciudadano medio consiguen hacer del ahorro una prioridad. A largo plazo, cada uno de ellos consigue destinar una media del 10% de sus ingresos totales a un fondo de jubilación, y sólo hacen una pausa durante tres años a mediados de los 30, cuando los gastos familiares y las preocupaciones laborales hacen que ahorrar sea un sacrificio demasiado grande.

. . .

De hecho, Jill y el ciudadano medio sólo se diferencian en dos aspectos:

- Jill empieza a ahorrar inmediatamente después de entrar en el mercado laboral a los 22 años. El ciudadano medio espera hasta los 30 años para empezar a ahorrar, pensando que la jubilación está todavía muy lejos.
- Jill compra un fondo de inversión indexado que sigue al mercado de valores en general, sin tocar nunca su dinero y obteniendo el mismo rendimiento que el mercado de valores en general. El ciudadano medio "juguetea" con su cartera, comprando algunos fondos de inversión a través de su asesor financiero e invirtiendo en acciones cada vez que recibe un consejo especialmente jugoso de su vecino. Joe obtiene la misma rentabilidad que el inversor medio en bolsa.

Cuando se jubilan a los 65 años, Jill y el ciudadano medio comprueban el saldo de sus cuentas de inversión para ver qué estilo de vida les depararán los próximos 20 años.

Jill descubre que ha acumulado 967.000 dólares. La cartera del ciudadano medio ha crecido hasta

menos de un tercio de esta cantidad: 309.000 dólares (ambas cifras se han ajustado a la inflación).

La diferencia no se detiene ahí. Siempre que sus hábitos de inversión continúen hasta la jubilación, **Jill podrá ganar hasta 84.000 dólares al año con sus** inversiones s. El ciudadano medio **pasará su jubilación viviendo de la Seguridad Social.**

Cheque de la Seguridad Social a cheque de la Seguridad Social, recibiendo sólo 15.000 dólares al año de sus inversiones.

El resto de este capítulo explorará por qué existe una diferencia tan grande entre dos personas con hábitos de ahorro y de ingresos tan sorprendentemente similares, y en qué se equivocó tan terriblemente el ciudadano medio. Porque, en el fondo, la parábola de Jill y el ciudadano medio representa la diferencia entre el tipo de rendimiento de las inversiones que *deberían* obtener millones de estadounidenses y el que realmente obtienen.

El milagro del interés compuesto

. . .

Hay dos cosas que puedes hacer con el dinero: usarlo para comprar bienes o servicios, o ahorrarlo. Como es obvio que gastar dinero es más divertido que ahorrarlo, una de las razones por las que uno puede elegir racionalmente ahorrar de todos modos es la esperanza de que, al hacerlo, podrá consumir una cantidad aún mayor de bienes o servicios en una fecha posterior.

A lo largo del último siglo, los que han optado por invertir sus ahorros en el mercado de valores han logrado este objetivo. El dinero invertido en la bolsa ha crecido durante largos periodos una media del 10% anual. Después de contabilizar el aumento del precio de los bienes a lo largo del tiempo (inflación), la tasa de crecimiento sigue siendo un impresionante 6% anual. Por supuesto, ha habido una considerable variación en los rendimientos de un año a otro e incluso de una década a otra, pero a largo plazo, los ahorradores han sido recompensados.

Una característica importante de la rentabilidad de las inversiones es lo que se denomina *interés compuesto*. Esto significa que no es sólo la inversión inicial la que se revaloriza, sino también las ganancias de esa inversión inicial. Por ejemplo, podríamos esperar que una inversión de 100 dólares que se revaloriza al 10% anual del mercado de valores durante el último siglo se revalorice a 110 dólares al cabo de un año y a 120 dólares al cabo de dos años. Pero si no se saca dinero, en el segundo año no es sólo la inversión inicial (100 dólares) la que crece al 10%, sino también las *ganancias* de la inversión inicial del primer año (10 dólares).

Por tanto, al cabo de dos años la inversión tiene un valor real de 121 dólares. Después de muchos años, las "ganancias sobre las ganancias" de una inversión pueden llegar a ser notablemente significativas, ya que dan lugar a lo que se denomina *crecimiento exponencial, lo que* significa que el valor en dólares de una inversión aumenta a un ritmo cada vez más rápido con el tiempo.

Aunque el interés compuesto puede parecer bastante sencillo y simple de entender, sus dramáticas y contraintuitivas implicaciones pueden sorprender incluso a aquellos que comprenden el concepto a un nivel básico. La *regla del 72* es un práctico atajo matemático que ilustra el poder del crecimiento exponencial en el tiempo.

Regla del 72: Para determinar el número aproximado de años que tardará una inversión en duplicar su valor, hay que dividir 72 entre la tasa media anual de rentabilidad obtenida por la inversión.

• • •

Así, una inversión con una tasa de rendimiento anual del 10% se duplicará aproximadamente cada 7 años (72 dividido entre 10 es aproximadamente 7).

Lo realmente interesante es el efecto que tiene el interés compuesto cuando el periodo de tenencia se prolonga más allá de esos 7 años. Una inversión que se duplica cada 7 años se duplicará dos veces cada 14 años (2 x 2), lo que supone cuadruplicar su valor. En 21 años se multiplicará por 8 (2 x 2 x 2); en 28 años se multiplicará por 16 (2 x 2 x 2 x 2); y en 35 años aumentará 32 veces (2 x 2 x 2 x 2 x 2). A lo largo de 42 años -dentro del periodo de tenencia de un trabajador típico que empieza a ahorrar a una edad temprana- su valor se multiplicará por 64 (2 x 2 x 2 x 2 x 2).

Por eso, incluso una pequeña cantidad de dinero, si se deja acumular durante un periodo de tiempo suficientemente largo, puede convertirse en una fortuna extraordinaria. Volviendo a la parábola, al empezar a ahorrar 10 años antes que el común de los mortales, Jill pudo aumentar el tiempo en que el interés compuesto podía trabajar para ella, incrementando en gran medida su riqueza para la jubilación.

• • •

Por qué la mayoría de los inversores no alcanzan este ideal

Al ver que el milagro del interés compuesto impulsó a Jill, con un salario de clase media y un nivel de ahorro modesto, a la condición de millonaria en el momento de su jubilación, podríamos preguntarnos por qué tantos jubilados tienen dificultades. Esta pregunta nos lleva a la segunda razón por la que Jill está tomando piñas coladas en una playa mientras el ciudadano medio vive de cheque en cheque de la Seguridad Social. El pequeño y sucio secreto del mundo de la inversión es que incluso los ahorradores diligentes como el ciudadano medio no se dan cuenta del ideal de rendimientos que se componen al ritmo del mercado de valores en general.

Aunque una cartera invertida en el mercado bursátil general habría aumentado a un ritmo medio del 10% durante el último siglo, el inversor medio en renta variable, o en acciones, ha obtenido rendimientos muy inferiores a este ritmo.

En los últimos 20 años, los datos de DALBAR, una empresa de investigación financiera, indican que la **rentabilidad media del inversor en renta variable fue de aproximadamente el 4%, más del**

5% por debajo de la rentabilidad del mercado de valores en general. Es decir, ¡menos de la mitad!

Hay dos razones por las que la rentabilidad del inversor medio está muy por debajo del mercado:

Comisiones. Mientras que Jill pagaba relativamente pocas comisiones, alrededor del 2% de los activos del ciudadano medio desaparecían cada año en manos de un asesor financiero, un gestor de inversiones, un agente de bolsa o una combinación de ellos. Sin estas comisiones, la cartera del ciudadano medio habría tenido un valor de 432.000 dólares en lugar de 309.000 dólares en el momento de la jubilación, incluso con su comienzo tardío.

Malas decisiones de inversión. Históricamente, los inversores se han dejado llevar por el optimismo cuando los tiempos son buenos y por el pesimismo cuando son malos.

El resultado es un comportamiento de rebaño, en el que el dinero entra en las acciones justo a tiempo para capturar un desplome del mercado, y el dinero sale justo a tiempo para perderse el comienzo de un mercado alcista. Por ejemplo, en el año 2000, los inversores añadieron 325.000 millones de dólares a los fondos de inversión en acciones, o compraron en el mercado, en un momento en el que el S&P 500 (un índice que sirve como indicador de referencia de la situación general del mercado de valores de EE.UU.) era alto, con un nivel de índice en el rango de 1400 a 1500. En 2002, los inversores vendieron un neto de 12.000 millones de dólares cuando el S&P 500 estaba bajo, en el rango de 820 a 1 170.

Si hubiera cometido menos errores de inversión, la cartera de Joe Promedio habría tenido un valor de 623.000 dólares en el momento de su jubilación, incluso con su comienzo tardío.

Cada uno de estos factores puede atribuirse realmente a una cosa: el analfabetismo financiero. En pocas palabras, el inversor medio carece de la confianza necesaria para gestionar el dinero por sí mismo y carece de la capacidad de conseguir incluso rendimientos a nivel de mercado. Para poner en perspectiva el coste del analfabetismo financiero, piense en el resultado de la parábola anterior. Jill y el ciudadano medio son iguales, salvo que Jill se tomó el tiempo necesario para adquirir conocimientos financieros a una edad temprana, mientras que Joe no lo hizo y postergó el ahorro hasta que pudo contratar a un asesor. **Para el ciudadano medio, el analfabetismo financiero parecía "costar" sólo un 2% al año, mucho menos de lo que ganaba con sus inversiones. Pero a lo largo de su vida, su ignorancia le costaría unos 500.000 dólares en riqueza perdida**.

Identifica tus metas financieras

Para tener éxito en la administración de tu dinero, primero tendrás que identificar tus metas financieras. Una vez que determines qué es lo más importante para ti, tendrás una base sólida que luego podrás utilizar para construir tu estrategia. Haz una lista de todo lo que consideras una prioridad en tu vida y úsala para determinar tus metas. He aquí algunos ejemplos:

- Para dejar de vivir al día y no sentirte estresado por el dinero, tu meta podría ser pagar todas tus deudas y no volverte a endeudar nunca.
  - Para viajar más, tu meta podría ser ahorrar suficiente dinero para poder tomarte un tiempo libre en el trabajo y disfrutar de unas vacaciones relajantes.
  - Para comprar un auto nuevo, tu meta podría ser ahorrar suficiente dinero para el pago inicial.
  - Para nunca más preocuparte por tener un lugar

dónde dormir, tu meta podría ser ahorrar tres o cuatro meses de renta.

-Para jubilarte anticipadamente, tu meta podría ser ahorrar dinero cada mes en tu cuenta para la jubilación.

Determinar tus metas financieras no es complejo. Es posible que tengas una combinación de objetivos a corto, mediano y largo plazo.

Una meta a largo plazo podría ser jubilarte anticipadamente o tener suficiente dinero para pagar la colegiatura universitaria de tus hijos, y una meta a corto plazo podría ser pagar una de tus tarjetas de crédito.

Estás en completo control de las metas que elijas porque son tuyas. Identifica lo que es prioritario para ti y construye tu estrategia basándote en ello. Muchos problemas financieros ocurren porque las personas no están seguras de lo que quieren hacer con su dinero y, como resultado, lo gastan en cosas que son de poca importancia para ellas.

Tener metas financieras claras te dará una base sólida que te ayudará a ser consciente de lo que estás buscando y te ayudará a construir tu estrategia. Una vez realizado este primer paso, el resto del proceso es bastante sencillo, ya que solo tendrás que trazar un mapa de cómo necesitas alcanzar esos objetivos.

Recuerda que, si vives con otras personas, es importante que todos participen en la planificación del presupuesto. Si estás determinando tus metas, procura fijar metas en las que tu pareja y otros miembros de la familia puedan estar de acuerdo. En algunos casos, no podrás llegar a un acuerdo al primer intento, y podría tomar un poco de negociación.

Pero ten en cuenta que es muy importante que todos participen y contribuyan al plan financiero. Si tienes hijos pequeños, puedes involucrarlos en el presupuesto familiar y pedirles que contribuyan con ciertas cosas. Por ejemplo, puedes colocar un frasco de ahorros en la casa a la vista de todos para financiar un viaje u otras cosas divertidas o importantes. También les estarás enseñando una valiosa lección financiera al principio de sus vidas.

Para que los presupuestos familiares tengan éxito, todos deben participar activamente. Es una buena idea tener reuniones familiares para ver si las cosas están avanzando como se espera y hacer ajustes cuando sea necesario. Todos deben estar conscientes de sus hábitos de gasto y de cómo estos afectan el presupuesto y las metas del hogar.

También puedes asignar roles a cada miembro de la familia, por ejemplo, alguien podría estar a cargo de verificar que los gastos de todos estén registrados, mientras que otros podrían organizar listas de compras y asegurarse de que se hayan pagado los servicios públicos. Además, contar con el apoyo de los demás es una excelente manera de mantenerse en el buen camino durante los eventos difíciles.

Cuando pienses en tus metas, considera cuánto dinero necesitarás ahorrar para cada una de ellas y por cuánto tiempo.

Los siguientes pasos abordan cómo alcanzar la cantidad que necesitas ahorrar. Por lo general, esto significa que tendrás que apartar una cantidad determinada de dinero durante los períodos que elijas. Esta cantidad que apartarás consistentemente será la fuerza impulsora para hacer realidad tus metas.

Escribe tus metas y divídelas en tres categorías: metas a corto, mediano y largo plazo. Las metas a corto plazo pueden ser cualquier cosa que se pueda lograr en un año o menos. El mediano plazo puede ser de 1 a 5 años. Las metas a largo plazo pueden tardar 5 años o más en cumplirse. Para cada meta, escribe una breve descripción, cuánto dinero se requiere (una estimación está bien, solo trata de ser lo más preciso posible), una fecha objetivo y cuánto necesitarás ahorrar cada mes (o el período de tiempo que elijas).

Recuerda ser realista al determinar tus metas. Puede ser fácil que te desanimes si fijas metas que son muy poco realistas o complicadas para ti.

2

Cómo sentar unas bases sólidas:
Cómo entender el mundo de la
inversión

En su nivel más básico, una inversión representa un intercambio entre dos partes: una que necesita dinero ahora para construir algo que generará dinero en años posteriores, y otra que tiene dinero ahora, pero quiere posponer su uso hasta el futuro. Las acciones y los bonos representan dos formas diferentes de estructurar este tipo de acuerdo intertemporal. Los mercados secundarios, como la Bolsa de Nueva York, permiten a los inversores "intercambiar" sus inversiones iniciales con otros a cambio de efectivo. El valor intrínseco de cualquier inversión no es más que el flujo de ingresos futuros que producirá, descontado al presente para tener en cuenta el valor temporal del dinero.

Qué es realmente una inversión

. . .

En un mundo moderno lleno de una letanía de complicadas opciones de inversión, es fácil perder de vista lo que realmente representa una inversión en los mercados financieros. Puede ser instructivo imaginar cómo habrían sido las cosas en una época y un lugar más sencillos: un pueblo antiguo en el que "Ted" y "Bill" son dos agricultores y vecinos.

En nuestro escenario, la granja de Ted está en la tierra de la abundancia. Ha tenido varios años de buenas cosechas y tiene almacenados más alimentos de los que su familia podrá comer. Le gustaría poder cambiar los alimentos de hoy por los del futuro, cuando quizá no tenga tanta suerte en sus cosechas o no pueda trabajar tanto.

Bill está empezando y le gustaría dedicar su tiempo a ampliar la granja y construir un nuevo granero para poder ampliar su explotación en los próximos años y ser más parecido a Ted. Sin embargo, si dedica su tiempo a ampliar la granja, no podrá cosechar sus cultivos este año. Esto no haría muy felices a la hambrienta esposa e hijos de Bill.

Dado que Bill necesita obtener alimentos adicionales ahora para producir más alimentos más adelante, y Ted tiene alimentos adicionales ahora y le gustaría obtener más alimentos más adelante, parece que debería ser posible un intercambio mutuamente beneficioso. Pero los problemas para estructurar este intercambio son importantes, ya que se realiza a través del tiempo. Ted quiere estar seguro de que en el futuro obtendrá tanta o más comida que la que está cediendo ahora. De lo contrario, podría moler o secar su maíz, almacenarlo y alejarlo de los hijos hambrientos de Bill. Naturalmente, a Ted también le preocupa que Bill huya con la comida extra y nunca cumpla su parte del trato.

Por último, Ted se pregunta si habrá otros granjeros como Bill, en pueblos lejanos, que puedan ofrecerle un mejor trato.

A pesar de su complejidad, los mercados financieros modernos evolucionaron para resolver precisamente este tipo de problemas ancestrales. En la siguiente sección, veremos cómo las acciones y los bonos representan dos formas diferentes en las que Bill y Ted podrían haber estructurado un acuerdo mutuamente beneficioso.

Ted y Bill también podrían haber estructurado su acuerdo de otra manera. Ted podría proporcionar a Bill 100 fanegas de maíz a cambio de una parte de la propiedad de la nueva granja, digamos el 10%. De esta manera, Ted tendría derecho al 10% de la producción futura de la granja de Bill.

. . .

Si las mejoras en la granja tienen éxito, Ted podría recibir mucho más maíz del que inicialmente cedió, obteniendo un rendimiento positivo de su inversión. Si las mejoras no tuvieran éxito, podría acabar recibiendo menos de lo que inicialmente dio a Bill. Este tipo de acuerdo permite a Ted y a Bill compartir el riesgo del proyecto, y es similar a una acción.

Hay un par de razones por las que Bill y Ted podrían preferir el acuerdo de "acciones" al de "bonos".

Si las mejoras de la granja que Bill estaba planeando eran relativamente arriesgadas -por ejemplo, si estaba construyendo un nuevo tipo de maquinaria de producción y existía la posibilidad de que no funcionara como estaba previsto-, podría preferir el acuerdo de acciones, ya que los pagos que tendría que hacer a Bill variarían en función del éxito del proyecto, eliminando su riesgo personal de no poder realizar un pago. Por su parte, Ted también podría preferir el acuerdo de acciones, ya que le da la posibilidad de obtener un mayor rendimiento si el proyecto va bien. Con el bono, Ted tenía la seguridad de saber que al menos recuperaría su dinero (supondremos por ahora que Bill no incumplirá el préstamo) más unos pequeños pagos de intereses, pero con el acuerdo de acciones tiene el potencial alcista de ganar mucho más maíz del que invirtió.

En la actualidad, las ***acciones* son certificados emitidos por las empresas cuando no disponen de efectivo para construir una nueva fábrica, lanzar un nuevo producto o invertir en su negocio. A cambio de aportar el dinero necesario, los inversores reciben la propiedad parcial de la empresa**.

Si la empresa obtiene beneficios en el futuro, entregará una parte de sus ganancias a sus propietarios en pagos anuales o trimestrales conocidos como *dividendos*.

Al comprar una acción, un inversor tiene la oportunidad de obtener un rendimiento positivo a lo largo de la inversión si el total de los dividendos recibidos de la empresa es mayor que el valor de su inversión inicial (esto suponiendo que la inversión se mantenga para siempre; en seguida hablaremos de los mercados secundarios).

Hasta ahora, hemos supuesto que las circunstancias de Ted y Bill no cambian entre el momento en que celebran el acuerdo y el momento en que éste se completa. Pero imaginemos que poco después de dar su excedente de alimentos a Bill, la granja de Ted es invadida por langostas devoradoras de maíz. Podría intentar recuperar los alimentos de su vecino, pero Bill ya ha mantenido sus campos en barbecho durante un año y no hay suficiente para alimentar a ambas familias. Una solución a este problema podría ser que Ted vendiera su contrato con Bill a un tercer agricultor, "Jane", que también tiene un excedente de maíz. Jane le daría a Ted maíz ahora a cambio de recibir futuros pagos de maíz de Bill.

El equivalente moderno de este tipo de reventa de contratos tiene lugar en mercados secundarios como la Bolsa de Nueva York. Los ***mercados secundarios* de contratos financieros permiten a un individuo que invirtió inicialmente en una acción o un bono venderlo a otro individuo que quiera hacerse con él.** Los precios de las acciones y los bonos que suelen aparecer en los periódicos y en Internet son simplemente el precio más reciente al que se realizan estos intercambios secundarios entre particulares.

Uno de los inconvenientes de las acciones y los bonos es que muchos inversores particulares no tienen suficiente dinero o tiempo para gestionar una cartera muy amplia de ellos.

. . .

Los fondos de inversión surgieron como solución a este problema. **Un fondo de *inversión* reúne el dinero de muchos inversores diferentes y lo invierte en una cartera de acciones**. Cada inversor del fondo de inversión posee una parte de esta cartera y recibe una parte de los ingresos o ganancias de la inversión. Los fondos de inversión son gestionados por un inversor profesional que suele ser empleado de una empresa como Fidelity o T. Rowe Price.

De dónde viene el "valor" de una inversión

A menudo, los comentaristas hablan de una acción o un bono como particularmente "sobrevalorado" o "infravalorado". Esta descripción plantea la cuestión de cómo definir el "valor razonable".

La teoría del *valor intrínseco* dice que el precio de una inversión debe igual al valor que tendría para un comprador que planeara mantenerlo para siempre (aunque, con la llegada de los mercados secundarios, la mayoría de los inversores no lo hacen realmente).

. . .

A los inversores que planean mantener una acción o un bono para siempre no les preocupa el precio del activo en los mercados secundarios, sino simplemente el valor que recibirán de los intereses anuales o semestrales, o de los pagos de dividendos. Por **lo tanto, el *valor de una acción* que tiene un precio correcto hoy debería ser el valor actual de sus futuros dividendos.**

La idea de que una serie de dividendos que se prolongan eternamente en el futuro tiene un "valor presente" parece un poco extraña al principio. Pero tiene mucho sentido en el contexto de lo que los economistas llaman el *valor temporal del dinero*. La idea básica es que recibir un dólar hoy vale más que recibir un dólar dentro de cinco años. Se puede pensar en esto de tres maneras diferentes:

- Si tuviera un dólar hoy podría invertirlo en una cuenta bancaria garantizada o en un certificado de depósito (CD).
- Se pueden comprar más cosas con un dólar hoy que con un dólar dentro de cinco años. Esto se debe a la inflación, el lento aumento del coste de la vida a lo largo del tiempo. Por ejemplo, con un dólar en 1970 se podían comprar cuatro barras de pan; hoy no se consigue ni media barra.

Si eres humano, probablemente prefieras gastar un

dólar hoy, aunque *pueda servir* para comprar las mismas cosas dentro de cinco años. La mayoría de nosotros prefiere la gratificación inmediata a la tardía. Si tenemos que elegir entre comer la tarta ahora o dentro de una semana, elegimos ahora.

Por no hablar de que muchos de nosotros tenemos que gastar dinero hoy para cosas como comer, que no pueden retrasarse indefinidamente.

Como los pagos de dividendos que se reciben en el futuro valen menos que los que se reciben hoy, tenemos que aplicarles una *tasa de descuento para* expresar lo que valen para un inversor racional en la actualidad.

Si sabemos o podemos observar cuál es el valor temporal del dinero, entonces podemos asignar un valor en dólares hoy a la promesa de un dólar dentro de cinco años. Al hacerlo, estamos "descontando al presente". Y si podemos asignar un valor en dólares actual a la promesa de 1 dólar dentro de cinco años, entonces no hay razón para que no podamos asignar un valor en dólares actual a cualquier flujo de futuros dividendos o pagos de intereses.

Esto es precisamente lo que se necesita para valorar una acción, un bono o cualquier otro tipo de inversión: estimar los ingresos que proporcionará la inversión en cada año del futuro y descontarlos al presente con un valor temporal del dinero adecuado.

Una buena estimación del valor temporal del dinero en la actualidad es el tipo de interés de una inversión muy segura, como los bonos del Tesoro de EE.UU. (pagarés del gobierno de EE.UU.). Hay un tipo de bono del Tesoro conocido como *cupón cero bonos*.

Si compramos un bono de cupón cero, como un bono de ahorro estadounidense, recibimos una cantidad de dinero garantizada en un momento determinado del futuro, pero no recibimos ningún pago de intereses hasta entonces. Por ello, el precio de un bono de cupón cero que nos pagará 1$ dentro de diez años será mucho menor que el de 1$ de hoy, y este precio es sólo el valor temporal del dinero. Por ejemplo, si un bono de cupón cero a diez años que paga 100 dólares al vencimiento se vende a 60 dólares hoy, eso significa que 100 dólares dentro de diez años equivalen a 60 dólares de hoy.

En el ejemplo de Bill y Ted, el valor intrínseco de la inversión de Ted será siempre su mejor estimación sobre cuántas fanegas de maíz le dará Bill en el futuro. Esto variaría con la probabilidad de éxito del proyecto y/o la solvencia de Bill.

. . .

En los mercados actuales, el valor intrínseco equivale a la estimación del flujo de dividendos o ingresos futuros de una empresa, descontados hasta el momento para reflejar el valor temporal del dinero y el riesgo de la inversión.

Por qué los mercados se mueven más de lo que imagina

Puede parecer difícil explicar los salvajes giros del mercado de valores en el contexto de una teoría que dice que los precios de las acciones, en principio, nunca deberían divergir de su valor intrínseco. La gran volatilidad del mercado puede ser el resultado de tres factores.

En primer lugar, es extremadamente difícil estimar el valor intrínseco de una empresa, ya que se basa en la estimación de los beneficios para siempre en el futuro y en el descuento a dólares actuales con un valor temporal del dinero igualmente incierto. Las estimaciones pueden cambiar drásticamente en función de los cambios en la tecnología, la competencia, el entorno normativo, la geopolítica, la economía, las estimaciones de la inflación futura y la preferencia individual por el dinero ahora frente al futuro.

. . .

Dado que vivimos en un mundo dinámico en el que todo esto cambia a diario, las estimaciones racionales del valor intrínseco seguramente cambiarán con el tiempo.

En segundo lugar, los mercados están compuestos por participantes humanos y pueden no ser inmunes a factores emocionales como el miedo y la codicia. Las emociones humanas pueden tener un papel especialmente importante hoy en día porque el periodo medio de tenencia de una acción se ha reducido a sólo cuatro meses, según *The Economist*. Este corto periodo de tenencia crea un incentivo para que los participantes en el mercado jueguen a lo que el destacado economista John Maynard Keynes denominó "concurso de belleza".

Esta tendencia es una tentación especial para los gestores de fondos profesionales y otros que son juzgados por medidas a corto plazo, como el rendimiento de su fondo en el último trimestre. La idea es que los mercados pueden, en períodos de intensa especulación, llegar a parecerse a un juego en el que el objetivo no es tanto averiguar qué empresas son las más valiosas, sino averiguar qué empresas pensarán la mayoría de los inversores que son las más valiosas. Los inversores racionales pueden comprar acciones que cotizan a precios mucho más altos que cualquier estimación razonable de su valor intrínseco si piensan que otros estarán dispuestos en el futuro a comprar esas acciones a precios aún más altos. Este tipo de dinámica puede crear volatilidad en el mercado independientemente de los cambios en los fundamentos de una empresa o de la economía. Por supuesto, la percepción puede convertirse a veces en realidad...

En este sentido, la tercera pieza importante del rompecabezas de la volatilidad puede provenir de lo que el multimillonario especulador de fondos de cobertura George Soros describe como *reflexividad*. La **idea es que los movimientos en los precios de las acciones no sólo reflejan las estimaciones del futuro, sino que pueden, de hecho, *afectar* directamente al futuro.**

Un ejemplo reciente de este fenómeno es la crisis financiera de 2008. La caída de los precios de inversiones como las acciones reflejaba al principio un menor valor intrínseco de los activos como resultado del deterioro de la economía real.

Pero la caída de los precios *provocó* entonces un deterioro aún mayor de la economía, porque los hogares y las empresas observaron el menor valor de sus acciones, bonos y viviendas, se dieron cuenta de que no eran tan ricos como creían y recortaron el gasto. Cuando todo el mundo recortó el gasto a la vez, la economía se deterioró aún más, causando una presión aún mayor sobre los precios de las inversiones.

La reflexividad puede crear mercados susceptibles de dar saltos salvajes de un extremo a otro.

3

Cómo empezar con buen pie: Guía práctica para elegir una cuenta de inversión

Abrir una cuenta de inversión es un primer paso crucial para ahorrar de forma inteligente. Hoy en día, tiene la opción de invertir a través de una cuenta de corretaje de descuento, una cuenta de fondos de inversión, una cuenta de corretaje de servicio completo o incluso una cuenta bancaria. Debe prestar mucha atención a las comisiones cuando elija una cuenta, ya que los cargos anuales, aparentemente pequeños, pueden actuar como fuertes frenos a los sorprendentes efectos del interés compuesto. Los agentes de bolsa de descuento son una opción adecuada para muchos, ya que combinan comisiones bajas con la más amplia selección de opciones de inversión. Es relativamente fácil elegir una empresa de corretaje de descuento, ya que la competencia ha reducido las comisiones de forma sustancial.

. . .

Cómo identificar tus ingresos y dar seguimiento a tus gastos

Una vez que hayas identificado tus metas financieras, el siguiente paso es saber de dónde proviene tu dinero y hacia dónde se dirige actualmente. Cuando administramos nuestro dinero, es fácil caer en hábitos, algunos de los cuales ni siquiera somos conscientes. Puede que algunos de estos hábitos sean positivos y nos traigan beneficios en el futuro.

Pero la realidad es que, para la mayoría de nosotros, es más común caer en hábitos negativos cuando se trata de nuestro dinero.

Comienza por anotar todas tus fuentes de ingresos y las cantidades para cada una de ellas. Es importante incluir todo después de los impuestos. Algunos ejemplos de fuentes de ingresos son los pagos, pensiones, salarios, manutención infantil, entre otros.

El siguiente paso es revisar tus hábitos de gastos. Este es uno de los pasos más difíciles, porque la mayoría de nosotros somos muy conscientes de dónde viene nuestro dinero, pero a menudo no estamos seguros de a dónde va.

Trata de incluir todo aquello en lo que gastas tu dinero diariamente, cualquier cosa que normalmente pienses como "gasto".

Algunos de los gastos más comunes son: alimentos, servicios públicos, gastos de gas/transporte, comidas en restaurantes, etcétera. También debes incluir ahorros, pagos de deudas, contribuciones a tu cuenta de jubilación, entre otros.

Si ya tienes el hábito de llevar un registro de tus gastos o de los gastos de tu familia, será mucho más fácil hacer una lista total. Sin embargo, la mayoría no cuenta con estos registros y es posible que tengas que recopilar esa información de tu estado de cuenta bancario o de tu tarjeta de crédito, recibos, facturas, etcétera.

Es importante incluir tus gastos típicos semanales o mensuales y tus gastos por temporada. Los gastos semanales pueden ser alimentos, servicios públicos, dinero para gasolina, etcétera. Mientras que los gastos por temporada/anuales pueden ser el mantenimiento de la casa o del automóvil, regalos, entre otros. Para tener los montos mensuales de tus gastos anuales, simplemente divide la cantidad que gastas en ellos entre 12.

. . .

Revisar tus facturas y recibos de los últimos 2-3 meses puede ser una excelente manera de identificar tus gastos, pero también notarás que a veces te faltarán registros de algunos. Piensa en esto como pequeñas fugas de dinero. Son las cosas que no se tienen en cuenta, pero que después de un tiempo pueden acumularse significativamente.

Durante los próximos 2-3 meses, asegúrate de hacer un seguimiento de a dónde va tu dinero. Si los miembros de tu familia u otras personas participan en la planificación del presupuesto, trata de registrar los gastos de todos. Una hoja de cálculo básica es más que suficiente para este propósito.

No hay necesidad de complicar las cosas. Incluso puede funcionar anotarlo todo en papel. El objetivo de este seguimiento meticuloso es saber a dónde va el dinero y por qué.

Nadie es perfecto y habrá momentos en que olvides registrar algunas de las cosas que compras. Sin embargo, recuerda que el seguimiento de tus gastos es una pieza clave en tu plan financiero y también para tener éxito en las metas que identificaste antes. Una vez que empieces a hacer el seguimiento de todo, puede que te parezca buena idea hacer el seguimiento de cómo crees que deberías estar gastando.

Pero esto podría tener un impacto negativo en tus resultados, pues no sabrás con precisión cuánto estás gastando en realidad. Este es el momento de aprender y entender exactamente qué es lo que estás haciendo con tu dinero.

No podrás comenzar a invertir si no tienes una cuenta de corretaje. Para comenzar a invertir en acciones, forzosamente necesitarás una. Las diferentes cuentas tienen diferentes costos de comisión y mínimos de inversión. Pero hay otros factores que debes tener en cuenta, tales como: tarifas inesperadas, restricciones, servicio al cliente deficiente, etc.

Lo que al principio parecía ser la mejor opción para ti, puede terminar por convertirse en una pesadilla.

Echemos un vistazo a cómo seleccionar la mejor cuenta de inversión según tus necesidades. Esto es lo que debes tomar en cuenta al buscar tu primera cuenta:

. . .

La cantidad de dinero que tienes. Cada tipo de cuenta indica el mínimo que un corredor necesita para abrir una cuenta.

Tipos de activos que te interesan. Las acciones también son fondos típicos y de inversión. Sin embargo, las selecciones pueden ser variadas. Verifica las opciones del corredor si estás interesado en una inversión específica.

Con qué frecuencia harás transacciones. Si eres el tipo de inversor que compra y aguanta, los costos de transacción no te preocuparán tanto como a los inversionistas más activos.

Nivel de servicio que requerirás. Los inversores principiantes pueden apreciar cosas como herramientas, orientación y consultas.

Cuánto sentido tiene la plataforma para ti. Deberías poder encontrar la plataforma del agente fácil de usar y los informes fáciles de entender.

. . .

Si pasas por alto alguno de estos factores al elegir una cuenta de corretaje, puedes encontrarte rápidamente con situaciones desagradables.

Derechos de inscripción

Cada corredor tendrá una tarifa de inscripción que depende del tipo de cuenta que estés abriendo. Es normal que haya una tarifa mínima de $500-3000 al abrir una cuenta regular.

Puede haber tarifas mínimas o nulas para las cuentas de jubilación.

A veces, puedes encontrar un corredor que se ajuste a todos tus requisitos, pero puede que te resulte difícil pagar la tarifa inicial; si este es el caso, en lugar de buscar otro corredor que tenga un cargo más bajo pero que no se ajuste a tus criterios, sería mejor posponer tu inversión hasta que tengas suficiente para abrir la cuenta.

Mínimos de inversión

. . .

Supongamos que puedes pagar la tarifa inicial. Por lo general, también hay un requisito mínimo de inversión que deberás cumplir. Esto suele ser sencillo para los inversores bursátiles: solo tienen que pagar el precio de la acción + la comisión.

Esto también se aplica a los inversores de Fondos Cotizados en Bolsa. Es más complejo con los fondos mutuos: la inversión inicial mínima puede ir de $1600 a 2000.

Después de alcanzar este mínimo, es normal que se permitan inversiones de menor monto.

Costos de negociación

Los inversores que usan el estilo de comprar y aguantar generalmente pueden pagar más por las comisiones para tener acceso a las funciones importantes que pueden considerar valiosas. Sin embargo, para los inversores que recién están comenzando con la creación de una cartera diversificada de acciones, es una mejor idea planificar para mayores costos de negociación por adelantado. Una vez que hayas asumido tu posición, las comisiones tendrán menos efecto en ti.

. . .

Si planeas operar con frecuencia (digamos 8-10 + intercambios cada mes), debes priorizar los costos de comisión más bajos. Si realizas 12 transacciones cada mes a $12.99, éstas se acumularán rápidamente y terminarás pagando más de 1800 antes de fin de año. Notarás en ocasiones que la comisión por operación parece ser baja, pero los costos pueden estar ocultos en otros lugares. Es posible que algunos corredores con comisiones muy bajas no ofrezcan cosas valiosas, como herramientas de investigación o un servicio al cliente de calidad.

También hay varias aplicaciones gratuitas de negociación, pero sus servicios son por lo general muy básicos y, a menudo, los dividendos no se reinvertirán automáticamente.

Estos servicios básicos tienden a respaldar solamente cuentas imponibles, lo que deja fuera a los IRA.

Hay otras tarifas que debes consultar.

Por ejemplo, honorarios administrativos anuales/trimestrales de IRA (que a veces se aplican cuando no se mantiene un saldo de cuenta determinado, por ejemplo), tarifas de inactividad (no alcanzar un número mínimo de transacciones durante el período) o agregar tarifas para tipos específicos de informes (algunos informes premium pueden costar docenas o incluso cientos de dólares).

Trata de aprovechar los bonos solo por firmar, ya que pueden ser excelentes soluciones para los inversores que no desean que sus depósitos iniciales sean golpeados por comisiones. Muchos corredores ofrecen grandes ofertas, como intercambios libres de comisiones o créditos como recompensas por abrir una cuenta.

El valor de estas bonificaciones tiende a basarse en el importe de la inversión inicial o puede tener requisitos específicos, como solicitar a los clientes que establezcan depósitos automáticos cada cierto período.

Por supuesto, no te dejes influenciar por bonificaciones atractivas. Es el paquete general lo que cuenta a largo plazo.

Firma solo después de estar seguro de que el corredor será ideal para ti una vez que finalice la promoción.

¿Qué tan bueno es el servicio al cliente?

. . .

Cuando se trata de cuentas de inversión, un excelente servicio al cliente puede hacer la diferencia. Puede ayudar a los inversores principiantes a ahorrar mucho dinero. Para un inversor novato, hacer su primera compra puede ser un proceso lleno de ansiedad cuando no está 100% seguro de estar haciendo las cosas bien. Además, tener una cantidad importante de herramientas a tu disposición es de poca utilidad si no sabes cómo usarlas adecuadamente.

Decide qué nivel de servicio y orientación prefieres, y verifica si adquirir el soporte ideal para ti tiene tarifas adicionales. Es común que los intercambios asistidos por agentes corredores cuesten alrededor de diez a cincuenta dólares.

Algunas compañías solo te brindarán asistencia por teléfono y correo electrónico.

Hay varias formas de acceder al servicio al cliente.

Podría ser a través de correo electrónico, preguntas frecuentes, teléfono, mensajería instantánea, videos, etc. Algunas de las casas de corretaje más caras incluso dan a sus clientes la opción de programar consultas y, en ocasiones, organizar eventos como seminarios.

Antes de suscribirte a los servicios de estas compañías, generalmente te ofrecen una sesión de prueba para que puedas ver todos los servicios de su plataforma.

¿Qué tan simple o difícil es dejar de usar la cuenta?

Es común que los inversores primerizos se cambien a otra cuenta de inversión en algún momento posterior. No es necesario seguir usando una cuenta para siempre si encuentras otra que se adapte mejor a tus necesidades en el futuro.

En algunos casos, no podrás contratar al corredor ideal para tus requisitos porque si lo haces, entonces no podrías pagar la tarifa inicial o el mínimo de inversión. En otros momentos, después de invertir por un tiempo, estás listo para pasar a una estrategia más sofisticada que requiere un tipo diferente de corredor.

. . .

Si sospechas que te cambiarás con otro corredor después de un tiempo, entonces lo mejor es investigar un poco sobre la cuenta que te interesa y obtener información sobre sus tarifas de transferencia y liquidación. Estas pueden oscilar entre $20 y $80 dólares, principalmente dependiendo de si realizas una transferencia parcial o completa y el tipo de cuenta. Por ejemplo, mover dinero de IRA generalmente es menos costoso que mudarse de una cuenta imponible típica.

Cómo separar las necesidades de los deseos

Aunque puede ser difícil ahorrar dinero en el contexto de una economía deficiente, nunca debemos olvidar la regla número uno en finanzas personales: nunca gastar más de lo que se gana.

Claro, esto es mucho más fácil de hacer si estás ganando más que el promedio, o si estás viviendo en un país de bajo costo. Si estás ganando seis cifras o más y vives en Tailandia, definitivamente deberías estar ahorrando o invirtiendo mucho dinero. Por otro lado, si vives en una ciudad cara como Nueva York, Moscú o Londres, puede que te quede poco después de cubrir tus necesidades básicas.

. . .

Pero no importa dónde vivas actualmente, por lo general es posible encontrar maneras de gastar menos de lo que gastas actualmente para que puedas jubilarte anticipadamente, divertirte y evitar vivir al día. Algunas personas incluso tienen un trabajo de medio tiempo o un negocio para aumentar sus ingresos, pero todavía así, si siempre gastan más de lo que ganan, sus problemas de dinero no se acabarán.

Todos debemos ser conscientes de la diferencia entre nuestros deseos y necesidades y entender por qué son importantes. Será difícil tomar buenas decisiones financieras en tu vida personal si no entiendes estos términos.

Deseo vs. Necesidad

Curiosamente, no todo el mundo se ha sentado a pensar realmente en las diferencias entre estos dos términos.

Aunque cada persona tiene diferentes deseos y necesidades, estos términos tienen definiciones muy distintas y es necesario comprender el papel que juegan en las finanzas personales.

En resumen, una necesidad es algo sin lo que no se puede vivir. Por ejemplo, necesitas un lugar para dormir, comida y transporte. No hay manera de que la mayoría de nosotros se las arregle sin ellas.

Hay otras necesidades que pueden ser importantes; por ejemplo, la electricidad y los teléfonos móviles, por lo que tener uno junto con un plan fiable puede ser esencial, y lo mismo ocurre con el acceso a Internet.

Un deseo, en cambio, es algo que quisieras tener o hacer, pero que no afectará demasiado tu vida.

Por ejemplo, comer en restaurantes es la mayor parte del tiempo un deseo. A muchos de nosotros nos gusta comer fuera por lo cómoda y agradable que puede ser la experiencia, pero en la mayoría de los casos bien podríamos preparar nuestras comidas en casa. Un automóvil deportivo puede encabezar la lista de deseos de muchos, pero el automóvil promedio sirve para la mayoría de los propósitos básicos de transporte.

Otros deseos podrían ser ir de vacaciones o a un concierto.

Cualquiera de los dos sería una experiencia genial, pero tu vida no depende de ellos. Tal vez tengas la capacidad de permitirte algún deseo, pero lo cierto es que no lo necesitas para sobrevivir en tu día a día.

Confundir las necesidades con los deseos

Por supuesto, puede que seas perfectamente consciente de la diferencia entre necesidades y deseos, y podrías pensar que ciertas cosas que necesitas son realmente deseos. Esto es muy común y nos pasa a todos. Lo malo es que nos hace comprar cosas que son completamente innecesarias y que no son acordes con nuestras metas financieras.

Por ejemplo, todos necesitamos comer, pero ¿realmente necesitas ir a tu restaurante de comida rápida favorito a tu hora del almuerzo? Si tienes suficiente comida en casa, entonces la respuesta es obviamente no.

Pero si realmente te apetece comer tu pizza favorita en dicho restaurante, puedes justificar la visita fácilmente. Lo mismo ocurre con otros ámbitos. Por ejemplo, es probable que tu teléfono actual cubra perfectamente tus necesidades de comunicación, pero tienes los ojos puestos en un nuevo teléfono inteligente de 800 dólares. Podrías convencerte a ti mismo de que necesitas ese costoso aparato, y al mismo tiempo convencerte de que necesitas el plan más costoso, incluso si no utilizarás nunca la mayoría de las funciones o servicios. Lo mismo ocurre con los automóviles de lujo frente a los de gama media. En todos estos ejemplos, necesitas los artículos en cuestión, pero estás tomando la decisión de gastar mucho más de lo que realmente necesitas.

Cómo separar eficazmente los deseos de las necesidades

No te preocupes: ser bueno administrando tu dinero no significa que nunca más vayas tras tus deseos. Gastar en nuestros deseos es realmente muy importante y no debería pasarse por alto. No ir tras nuestros deseos significa que solo nos centraremos en el trabajo y en pagar nuestras cuentas, y eso no suena como una forma muy emocionante de vivir la vida.

El problema viene cuando empezamos a mezclar nuestros deseos con nuestras necesidades, al punto en que empieza a afectar las metas financieras que nos habíamos fijado. Cuando no nos tomamos el tiempo para determinar si estamos mezclando lo que queremos con nuestras necesidades, las áreas de nuestras vidas que más importan se ven afectadas. Cosas como jubilarse anticipadamente, pagar la educación, vacaciones, entre otras.

Cómo determinar si el deseo añade el suficiente valor a tu vida

Si estás gastando más de lo que ganas y te cuesta separar tus deseos de tus necesidades, es una buena idea hacer una pausa y analizar lo que estás comprando. Pregúntate a ti mismo si tu deseo añadirá suficiente valor a tu vida, o si simplemente te dará una comodidad innecesaria sin la cual eres perfectamente capaz de vivir. ¿O estás haciendo estas compras simplemente por costumbre?

Si bien es cierto que varios de nuestros deseos son partes importantes de nuestras vidas, algunos de ellos son más importantes que otros, y si das un paso atrás y examinas tus hábitos de gasto, notarás que muchas de las compras que haces no valen la pena. Cuando te tomas el tiempo para analizar cuáles son las cosas que realmente añaden algo de valor a tu vida, te harás bueno a la hora de determinar cuáles son los deseos que debes perseguir y cuáles puedes descartar.

Reemplaza algunos de tus deseos con alternativas

Algunos de nuestros deseos pueden ser fácilmente reemplazados por alternativas que cuestan menos dinero. Esta es una excelente opción para probar siempre que estemos gastando por simple hábito o conveniencia.

- Si te gusta comer en restaurantes varias veces por semana después del trabajo debido a la conveniencia más que al placer, podrías encontrar una alternativa más barata que puedas emplear con un poco de planificación. Por ejemplo, si compras una olla de cocción lenta, puedes simplemente tirar algunos ingredientes en ella y tener una comida lista al momento en que llegues a casa.

- Si has contratado un costoso servicio de Internet de alta velocidad que estás pagando por costumbre, pero rara vez lo usas a su máxima capacidad, podrías pensar en un plan mucho más barato.

- Si tienes suscripciones a periódicos o revistas, pero rara vez tienes tiempo para leerlas, puedes cancelarlas sin que afecten tu calidad de vida actual.

Como ya se ha mencionado, nuestros deseos son importantes, pero solo deberíamos perseguir aquellas compras que realmente nos dan un beneficio. Si no estamos recibiendo felicidad a cambio de nuestros deseos, deberíamos gastar en aquello que sí nos la da.

Encuentra maneras de pagar lo que realmente deseas

. . .

Imagina que tienes unos cuantos deseos que son realmente importantes para ti. Por ejemplo, tal vez quieras un vehículo nuevo porque tu tiempo diario de viaje es de una hora en promedio, o te encanta la tecnología y no puedes esperar para probar el último teléfono inteligente. O tal vez te gusta tocar un instrumento y quieres tener algunos para propósitos específicos.

Incluir esos deseos en tu presupuesto es importante, pero tienes que estar seguro de que puedes permitírtelos. Si no has comenzado a ahorrar dinero o si actualmente estás endeudado, entonces es mejor que revises tus hábitos de gasto y resuelvas las cosas antes de ir tras esos deseos importantes.

La mejor manera de determinar si eres capaz de pagar lo que quieres es usando un presupuesto para llevar un registro de tus hábitos de gasto. De esta manera, no solo evitarás gastar más de lo que debes, sino que priorizarás lo que es importante para que no afecte tus importantes metas financieras.

En resumen, si actualmente estás luchando con tus hábitos de gasto y no tienes forma de ganar más dinero, lo mejor que puedes hacer es examinar tus deseos y asegurarte de que no los estás mezclando con tus necesidades. Decide cuáles son los deseos que realmente valen la pena en este momento y pondera si hay alternativas más baratas disponibles.

Al final del día, la mejor mentalidad es pensar siempre por adelantado y ser intencionales con nuestros hábitos de gasto y, por supuesto, ser extremadamente honestos con nosotros mismos.

A la mayoría de nosotros nos encantaría jubilarnos anticipadamente o ser capaces de pagar algo que realmente queremos sin endeudarnos, pero solo aquellos que planean adecuadamente lo harán con éxito.

Por qué los gastos son muy importantes

Cocinar es algo con lo que tengo una relación de amor-odio. Aunque me encanta poder controlar exactamente lo que entra en mi cuerpo, tener un abanico ilimitado de posibilidades culinarias y ahorrar dinero al no comer en restaurantes, odio tener que averiguar qué combinaciones de comida sabrán bien, quemar el arroz por tercera vez en dos semanas y pasar el tiempo frente a un fogón con una agarradera y no frente a la televisión con una cerveza. A menudo la tensión de este dilema se resuelve con un pedido de comida para llevar. Estoy perfectamente de acuerdo con esto, porque sigue siendo relativamente asequible subcontratar esta parte de mi vida por 10 dólares la comida, más o menos. Pero si los locales de comida para llevar cobraran 10.000 dólares por comida, puedes apostar que estaría en una clase de cocina en poco tiempo. Nadie comería fuera a esos precios.

Sin embargo, existe una estructura de precios equivalente en el mundo de la gestión de inversiones, y en lugar de aprender a cocinar, la mayoría de la gente opta por pagar 400.000 dólares por una hamburguesa que ha estado demasiado tiempo al sol.

Para ver por qué, traigamos de vuelta a Jill y al Tío del Montón.

Imaginemos que cada uno hace una inversión idéntica de 100.000 dólares que gana un 8% anual antes de comisiones. Jill invierte directamente en un fondo indexado de bajo coste que cobra una comisión del 0,2% de los activos. El ciudadano medio invierte en un fondo de inversión medio a través de un asesor financiero medio. El fondo de inversión cobra una comisión de gestión del 1,3% de los activos (no todos los fondos son tan caros, pero el 1,3% es la media para un fondo gestionado activamente), y su asesor financiero cobra una comisión del 1% de los activos por gestionar la inversión en su nombre.

A Joe le parece que vale la pena pagar aproximadamente el 2% de sus activos al año por la comodidad de una gestión profesional, especialmente cuando sus inversiones ganan fácilmente más que eso cada año. Pero, en realidad, está reduciendo sus rendimientos en una cantidad asombrosa con el paso del tiempo. Después de 30 años, la cuenta de Jill habría crecido hasta los 952.000 dólares, mientras que la cuenta de Joe sólo habría crecido hasta los 528.000 dólares.

Sólo por pagar un 2% menos al año en comisiones, Jill será casi el doble de rica que Joe. Las comisiones que pagó Joe no parecían elevadas en relación con los rendimientos que obtenía en ese momento, pero a lo largo de 30 años acabaron "costándole" 424.000 dólares, es decir, cuatro veces su inversión inicial.

Cómo cocinar su propio guiso bursátil

. . .

El primer paso para saber cuál es el lugar adecuado para abrir una cuenta es decidir con qué tipo de empresa quiere hacer negocios. Hay cuatro opciones generales: corredores de bolsa de servicio completo, compañías de fondos de inversión, corredores de descuento y bancos.

Las cuentas de corretaje de descuento, en las que uno "se come su propia comida", son una opción convincente para muchos. Las **cuentas de corretaje de descuento son cuentas online de bajo coste** ofrecidas por empresas como E*TRADE, Charles Schwab y Fidelity.

Estas cuentas permiten a los inversores autónomos adquirir una gran variedad de acciones ordinarias, fondos de inversión y fondos cotizados (ETF), lo que las convierte en una gran ventanilla única de productos financieros. A menudo no se cobra una cuota anual por utilizar una agencia de valores de descuento.

En cambio, los proveedores de corretaje de descuento ganan dinero cobrando una pequeña comisión cada vez que usted compra o vende una acción o un fondo de inversión. La mayoría de los agentes de bolsa cobran entre 5 y 15 dólares por operación. Las agencias de valores de descuento son la forma más barata de acceder a una amplia variedad de inversiones para la mayoría de los inversores.

Una cuenta de *fondos de inversión* de una empresa como T. Rowe Price o Vanguard es el equivalente inversor de una cadena de restaurantes. Las cuentas de fondos de inversión permiten a los inversores comprar fondos vendidos por su empresa matriz, pero no permiten a los inversores comprar directamente acciones. Sin embargo, las familias de fondos más grandes, como Fidelity y Vanguard, probablemente también ofrezcan cuentas de corretaje con descuento. Las cuentas de corretaje con descuento de las empresas de fondos de inversión pueden ser un valor convincente, ya que le permiten invertir en acciones junto con sus propios fondos.

Los fondos de inversión atraen a quienes buscan la capacidad de gestión profesional de un gestor de fondos de inversión. Sin embargo, suelen llevar aparejadas unas comisiones más elevadas que, como hemos visto, pueden dar lugar a una rentabilidad drásticamente inferior a largo plazo. Las comisiones de los fondos de inversión pueden variar enormemente de una empresa a otra (y de un fondo a otro de la misma empresa).

. . .

Algunas empresas cobran el 1,3% de los activos o más por gestionar su dinero; otras incluso añaden una comisión de "carga" que le costará hasta el 5% de su dinero por adelantado sólo por el privilegio de invertir en su fondo (esto se destina a compensar al asesor que le vendió el fondo).

Prácticamente nunca hay una buena razón para pagar una comisión de carga. Los fondos de inversión bien gestionados de empresas como Vanguard y T. Rowe Price tienen comisiones mucho más bajas y no cobran ninguna carga.

Las cuentas de corretaje de servicio completo de empresas como Morgan Stanley y Goldman Sachs son el equivalente financiero de contratar a un chef privado. Estas cuentas son como los corredores de bolsa de descuento, salvo que ofrecen servicios más personales, como la gestión del patrimonio y el asesoramiento, y suelen cobrar más. Atraen a aquellos que quieren un asesor de inversiones. Tenga en cuenta que el asesor puede tener la tentación de recomendarle inversiones que le reporten una comisión elevada (término financiero para referirse a un soborno), en lugar de lo que es mejor para usted. **Para evitarlo, busque un asesor que esté regulado como:**

. . .

***Es un asesor de inversiones registrado* (RIA),** y le cobra una comisión bien revelada basada en el porcentaje de los fondos que usted invierte con él. Los RIA tienen la responsabilidad legal y fiduciaria de velar por sus intereses.

Los corredores no lo hacen, aunque confusamente sigan llamándose "asesores de inversión". Aunque en general no se consideran cuentas de inversión, las cuentas *bancarias de cheques, ahorros, certificados de depósito* y *mercado monetario* son el equivalente financiero de una cena en la televisión. Al igual que la humilde cena envuelta en plástico, las cuentas bancarias tienen sus ventajas. La rentabilidad que se obtiene de ellas está libre de cualquier riesgo, y el dinero invertido está garantizado por el gobierno. Además, el dinero puede retirarse fácilmente de la cuenta por su valor total siempre que se necesite, una característica que los economistas llaman *liquidez*. No obstante, el rendimiento compuesto que se puede obtener a lo largo de la vida de una cuenta bancaria palidece en comparación con las oportunidades de creación de riqueza que ofrece la inversión en el mercado de valores. Las cuentas corrientes y de ahorro son lugares estupendos para guardar el dinero que pueda necesitarse en los próximos dos años, pero los activos de mayor rendimiento, como las acciones y los fondos de inversión, ofrecerán, por término medio, un potencial de rentabilidad mucho mayor a largo plazo. Las cenas por televisión tienen su tiempo y su lugar, pero no conviene vivir de ellas.

Cómo elegir dónde abrir su descuento

Cuenta de corretaje

Por suerte, encontrar un buen broker de descuento es mucho más fácil que aprender a cocinar.

La competencia entre los proveedores online ha llevado los costes de las operaciones a mínimos históricos, dejando más dinero en los bolsillos de los inversores individuales inteligentes. Grandes empresas como TD Ameritrade, E*TRADE, Scottrade y Fidelity tienen ofertas atractivas y son buenos lugares para empezar. Hay que tener en cuenta algunos factores a la hora de elegir un proveedor:

- No debería tener que pagar más de 10 dólares por operación.
- No debería tener que pagar ninguna cuota de mantenimiento mensual, independientemente del nivel de comisiones que genere.

- Debe tener acceso gratuito a herramientas en línea, calculadoras y cotizaciones bursátiles.
- El tamaño mínimo de la cuenta debe estar por debajo del nivel en el que piensa invertir.

Una vez que se haya decidido por un proveedor adecuado (y es difícil equivocarse al elegir entre los principales), abrir una cuenta es fácil. Necesita conocer su número de la Seguridad Social y otros datos personales y tener acceso a una fuente de financiación como una cuenta bancaria. Normalmente, el dinero se transfiere electrónicamente de una cuenta bancaria a una cuenta de corretaje utilizando el número de ruta del banco y el número de la cuenta corriente (ambos figuran en los cheques). Una vez que su cuenta esté abierta, es posible que tenga que esperar unos días para que todo se aclare, y entonces podrá empezar a invertir. El resto de este libro se centrará en qué hacer con su nueva cuenta.

4

Organizarse: Cómo elaborar su propio plan de inversión personal

Planificar de forma inteligente la jubilación es muy parecido a entrenar para una maratón. Antes de lanzarse a invertir, es importante desarrollar un objetivo sobre la cantidad que quiere tener acumulada en el momento de su jubilación. A partir de este objetivo, puede determinar una meta de ahorro anual y un plan de cinco pasos para saber cuánto dinero invertir en cada cuenta. Pues bien, hay que hacer un presupuesto.

En términos simples, presupuestar es asegurarte de que no estás gastando más de lo que estás ganando y también puede incluir la planificación de gastos a corto y largo plazo.

. . .

Mucha gente tiene una connotación negativa sobre los presupuestos: piensan que es otro nombre para restringir actividades y cosas que les gustan, como ir de compras. Sin embargo, un presupuesto es en realidad como un mapa para tus gastos.

Si no te entusiasma mucho la idea, trata de llamarlo con otro nombre, como, por ejemplo, "mi plan para salir de la deuda" o "el plan para mi jubilación anticipada". Después de todo, eso es lo que es. Un presupuesto te ayuda a tomar buenas decisiones cuando administras tu dinero, y puede terminar mejorando tu calidad de vida al largo plazo.

El presupuesto ha sido un componente clave del éxito financiero de muchos inversores, empresas y familias. Es más fácil de implementar de lo que muchos piensan, y no es exclusivo para las personas que tienen problemas financieros. De hecho, muchas personas adineradas dependen de un presupuesto y una planificación cuidadosa para alcanzar sus metas financieras. En general, hacer un presupuesto ayuda a tomar mejores decisiones relacionadas con la administración de tu dinero, sin importar el tamaño de tu bolsillo. También puede ayudarte a llegar anticipadamente a la jubilación, con situaciones de emergencia, a pagar la educación, entre otros.

. . .

Un presupuesto inteligente puede ayudarte a planificar tus gastos a corto, mediano y largo plazo. Desde asegurarte de que tienes suficiente dinero para pagar la renta, hasta tener la certeza de que estás ahorrando suficiente dinero cada mes para tu jubilación. Cuando tengas una ayuda visual frente a ti que te muestre cuánto dinero tendrás en los próximos meses o años y cuánto de eso necesitarás reservar para gastos importantes, siempre serás consciente del momento en que necesites frenar tus gastos y también de cuándo puedes permitirte algunos lujos sin el riesgo de sufrir las consecuencias más adelante.

Incluso si no estás satisfecho con los números que tienes delante tuyo, saber exactamente cuál es tu situación financiera puede ayudarte a tomar las medidas necesarias para mejorarla.

Ya sea que se trate de pagar deudas, reducir tus gastos de comida en restaurantes, o ahorrar para renunciar a tu trabajo y comenzar tu propio negocio.

Invertir como un maratón

Correr un maratón -una carrera en carretera de 40 km- es un esfuerzo serio que puede parecer masoquista para la mayoría. Sin embargo, millones de personas se sienten atraídas por estas carreras cada año, y a menudo se embarcan en programas de entrenamiento de meses de duración que les obligan a aumentar gradualmente los kilómetros que corren cada semana de 20 a 40, 50 o más. Una de las cosas que hace que entrenar y completar un maratón sea tan atractivo es que hay un "objetivo" claro y concreto al final del proceso. Por el contrario, la falta de una meta claramente definida es una de las cosas que hace que la planificación de la jubilación sea tan frustrante.

El equivalente al "día del maratón" para la planificación de la jubilación es su fecha prevista de jubilación. En el momento de su jubilación, debería haber acumulado suficientes ahorros para que le duren cómodamente sus años de vejez.

Sin embargo, a diferencia de un maratón, la jubilación tiene una línea de meta desconocida. Averiguar cuánto necesitará para vivir como quiere es un reto, pero plantearse algún tipo de objetivo es esencial para diseñar un "plan de entrenamiento". El ejercicio de la siguiente sección le ayudará.

¿Qué cantidad de ahorros necesita?

. . .

Calcular el tamaño de los ahorros que necesitará acumular para vivir cómodamente durante la jubilación implica dos pasos principales. En primer lugar, tendrá que evaluar la cantidad de ingresos que necesitará durante la jubilación y, a continuación, calcular qué parte de su patrimonio podrá retirar cómodamente cada año.

Estimación de los ingresos que necesitará en la jubilación

Es útil considerar primero la cantidad mínima de ingresos de sus inversiones con la que se sentiría cómodo viviendo en la jubilación. A partir de ahí, puede empezar a pensar en la cantidad de dinero que necesitará en sus cuentas de inversión en el momento de la jubilación. Cuando piense en su objetivo de ingresos anuales mínimos, o base, para la jubilación, tenga en cuenta estas cuestiones:

¿Cuánto dinero está gastando hoy? Este puede ser un buen punto de partida para lo que gastará en la jubilación.

¿Prevé tener menos gastos durante la jubilación? Por ejemplo, ¿se mudará a una casa más pequeña?

. . .

¿Pagará la hipoteca? ¿Gastará menos en los hijos? La **mayoría de las personas pueden arreglárselas con 2/3 de sus ingresos y gastos actuales porque tendrán menos gastos en la jubilación.**

¿Usted o su cónyuge tienen un plan de pensiones de una empresa o del gobierno? ¿Prevé tener un trabajo a tiempo parcial después de la jubilación? ¿Es usted el tipo de persona que va a seguir trabajando mucho después de los 65 años? Reste de su cifra cualquier fuente de ingresos adicional que prevea tener en la jubilación. Tenga en cuenta la cantidad que se prevé que reciba en concepto de prestaciones de la Seguridad Social (puede encontrarla en su última declaración de la Seguridad Social).

Es importante tener en cuenta que esto no tiene que ser un ejercicio exacto. Sea cual sea la cifra que obtengas, anótala: la utilizarás en el siguiente paso.

A continuación, considere los objetivos de estiramiento y los ingresos necesarios para alcanzarlos.

¿Siempre has querido viajar por el mundo? ¿Comprar un yate? ¿Hacer un crucero? ¿Simplemente llevar un estilo de vida más lujoso? Escríbalos y calcule la cantidad de dinero que necesitará para cumplir estos sueños, además de lo que necesitará para cubrir las necesidades básicas. Sume esta suma al total anterior para obtener un objetivo de ingresos para la jubilación.

Estimación de la tasa de retirada de fondos segura

Ahora que sabe cuál es el objetivo de ingresos, el siguiente paso es calcular el ahorro total que necesitará en la jubilación para conseguirlo. Durante la jubilación, seguirá invirtiendo sus ahorros en los mercados para que sigan creciendo mientras retira algo de dinero cada año para cubrir sus gastos de subsistencia. El objetivo es tener una cartera que dure 25 años o más después de la jubilación (la vida típica de un jubilado).

La cantidad de la cartera que puede retirarse con seguridad cada año está sujeta a un intenso debate, y depende de todo tipo de hipótesis sobre la inflación, los tipos de interés y los futuros rendimientos de la inversión. En general, los expertos coinciden en que:

Si le preocupa mucho la posibilidad de sobrevivir a sus activos, tiene poco margen para ajustar sus gastos en caso de caída del mercado, o simplemente quiere ser muy conservador, una tasa de retirada del 4% protegerá sus activos en todos los mercados, excepto en los peores.

Muchas personas deberían poder retirar el 5% de sus activos durante la jubilación (esto supone una tasa de rendimiento relativamente modesta del 2% después de la inflación durante el periodo de jubilación).

Si tiene una flexibilidad importante para ajustar su estilo de vida en caso de que los rendimientos sean inferiores a los previstos, podría retirar el dinero a un tipo del 6% o el 7% en su lugar.

Para determinar la cantidad de patrimonio para la jubilación que necesitará para producir sus casos de estiramiento y base, divida los ingresos anuales objetivo por la tasa de retirada que más le convenga. Por ejemplo, si necesita 50.000 dólares anuales de ingresos para la jubilación (en dólares de hoy) y tiene un poco de flexibilidad para ajustar su estilo de vida en caso de caída del mercado, entonces necesitará 50.000 $ / 0,05 = 1.000.000 $ en ahorros en el momento de la jubilación. Si sólo necesita 20.000 dólares además de sus otras fuentes de ingresos, como la seguridad social, y tiene una gran flexibilidad para ajustar sus ingresos, entonces puede que necesite presupuestar sólo 20.000

dólares / 0,06 = 330.000 dólares como objetivo final. Realice este cálculo tanto para su objetivo de ingresos básicos como para el objetivo final.

Una herramienta importante para ahorrar dinero

Presupuestar es uno de tus mejores aliados cuando se trata de ahorrar dinero. Te ayuda a ahorrar dinero cada día para que puedas alcanzar la libertad financiera que tanto deseas. Aunque para la mayoría de nosotros aprender a manejar nuestro dinero puede ser un objetivo importante, casi todos tenemos otras metas financieras que nos gustaría alcanzar después. Criar a un hijo, renunciar a un trabajo corporativo para poder trabajar en lo que nos apasiona, o tomar vacaciones cada dos meses son objetivos que podemos lograr fácilmente a través del presupuesto.

He aquí algunos otros beneficios sorprendentes de presupuestar:

Estar al tanto de lo que compras. Antes de empezar a planear tu presupuesto, es posible que no tengas una idea clara de cuánto dinero destinas a todas las distintas cosas que crees que necesitas comprar cada mes. La mayoría de nosotros somos muy conscientes de aquello que nos hace gastar más. Por ejemplo, cuando vamos a restaurantes, compramos alimentos, pagamos la gasolina, entre otros. Sin embargo, hay otros gastos de los que la mayoría de nosotros no somos conscientes o que tendemos a olvidar después de un tiempo. Por ejemplo, tu suscripción de televisión con acceso a 500 canales, la conexión a Internet de alta velocidad, los seguros, etcétera. Es aún más difícil considerar las cosas que solo pagamos por alguna eventualidad, como cambiar las llantas de nuestro auto, arreglar un diente roto, reemplazar el microondas, entre otros. Un presupuesto ayudará a identificar con precisión todos estos gastos.

Aprender a priorizar en nuestra vida financiera. Una persona que es buena para presupuestar también es buena para saber cuáles son las prioridades en su vida financiera y es capaz de conectar estas prioridades con sus gastos.

Crear un presupuesto te ayudará a tomar decisiones importantes, tales como irte de vacaciones o ayudar a tu hijo con sus gastos universitarios, comprar un auto nuevo o ahorrar más dinero para tu fondo de jubilación, o si deberías destinar tu dinero a la remodelación de tu casa o a trabajos dentales.

. . .

No es posible hacer todas las compras que queremos. Cada decisión financiera que tomamos implica por lo general un compromiso, y la creación de un presupuesto te ayudará a saber qué compromisos son mejores y cuáles deben ser priorizados en tu vida.

Mejorar las relaciones. Sorprendentemente, elaborar un presupuesto no solo puede ser una excelente manera de iniciar conversaciones importantes con tu pareja y aquellos que viven bajo tu mismo techo, sino que también puede mejorar tu relación con ellos. Cuando todos estén de acuerdo sobre qué gastos son prioridad (y si implementan el plan financiero que hayan creado, por supuesto), podrán sentarse y observar cómo las discusiones y roces disminuyen drásticamente, y cómo todos se sienten menos estresados y preocupados. Si tienes hijos, esta también puede ser una excelente manera de lograr que participen en decisiones importantes y que sean conscientes de a dónde va el dinero.

Alcanzar las metas de vida más rápido. ¿Parece que cada vez que has conseguido ahorrar algo de dinero ocurre algo inesperado que te ha llevado de vuelta a la misma situación en la que estabas hace unos meses? ¿Cuántas veces has puesto en espera una idea de negocio por falta de tiempo o dinero? ¿Cuántas veces has pospuesto unas vacaciones por razones similares? Puede que nunca sepamos cuándo se va a averiar nuestro coche o cuándo necesitaremos visitar al médico, pero un buen presupuesto puede ayudarte a estar bien preparado para estos acontecimientos inevitables. También puede ayudarnos a avanzar hacia nuestros objetivos a pesar de estos acontecimientos.

Llevar una vida más plena. Como ya hemos señalado, los presupuestos no te restringen, sino que introducen más libertad en tu vida. Tú eres quien tiene el control total sobre tu presupuesto, no el presupuesto sobre ti. Tener este control sobre tu dinero te ayudará a vivir una vida mucho más plena. La era de vivir al día ha llegado a su fin: es hora de poner tu dinero donde más importa, y un presupuesto te puede guiar en este camino.

5

Por qué necesita conocer sus alfas
y betas de inversión: Una guía
para la rentabilidad de las
inversiones

El rendimiento de una cartera de inversiones tiene dos fuentes distintas. Podemos pensar en ellas como dos tipos diferentes de rendimientos. Lo que llamaremos "rendimientos beta" proceden de la exposición de su cartera al mercado en general. Lo que llamaremos "rendimientos alfa" procede de la diferencia entre su cartera y el mercado, que puede reflejar su habilidad (o suerte) como inversor. La mayoría de los inversores deberían centrarse más en los rendimientos beta que en los alfa, ya que relativamente pocas personas en el mundo son realmente capaces de producir rendimientos alfa fiables (batir al mercado). Dos instrumentos financieros -los ETF (fondos cotizados en bolsa) y los fondos indexados- ofrecen formas fiables y baratas de obtener rendimientos beta.

Gestores de cartera y vendedores de paraguas

. . .

Siempre he creído que se puede juzgar lo bulliciosa y emprendedora que es una ciudad visitándola en medio de una tormenta. En las metrópolis verdaderamente emprendedoras, es inevitable que, poco después de que las primeras gotas de lluvia toquen el pavimento, un hombre sonriente con una selección de paraguas se acerque a ti y te ofrezca humildemente su mercancía. Siempre he apreciado al amable vendedor de paraguas del vecindario, y tengo una colección de dispositivos de protección contra la lluvia en mi armario como prueba de ello (y de mi olvido general).

A menudo, después de estos encuentros, he reflexionado que yo sería un pésimo vendedor de paraguas. En el fondo, carezco del implacable afán de venta que muestran los mejores vendedores de paraguas.

Pero en medio de un aguacero torrencial, incluso yo tendría éxito. Esto pone de manifiesto la conexión bastante obvia entre el éxito de un vendedor de paraguas individual y el clima. Si se quisiera determinar si un vendedor de paraguas es bueno, no bastaría con examinar cómo han ido las ventas en el último mes. Se querría saber cómo ha afectado el tiempo a los esfuerzos de venta, quizás comparándolos con las ventas de otros vendedores de paraguas de la región.

Resulta que los gestores de dinero se ven tan afectados por su entorno como los vendedores de paraguas, pero la conexión parece ser menos obvia para muchos inversores, quizá porque los movimientos del mercado no son tan tangibles como las gotas de lluvia.

La diferencia entre Alfa y Beta

Supongamos que quiere evaluar el rendimiento de sus inversiones. Mira sus estados de cuenta y descubre que, en general, su cartera rindió un 15% el año pasado. Esto parece bueno en términos absolutos, ya que la rentabilidad media de la bolsa desde 1900 es de alrededor del 10% anual.

Pero saber que su cartera rindió un 15% el año pasado es como decir que un vendedor de paraguas vendió ayer 5 paraguas: no le ayuda realmente a menos que lo ponga en contexto. ¿Llovió ayer o hizo sol? ¿Estaba la Super Bowl en la ciudad? En el contexto de la inversión, ¿fue el año pasado 1999 (el apogeo de la manía de las .com) o 2008 (la crisis financiera)?

. . .

Para tener una mejor idea de si ese 15% de rentabilidad es bueno o malo, podría compararlo con la rentabilidad del mercado de valores en general. Si tiene una cartera invertida en acciones estadounidenses, podría utilizar un índice como el *S&P 500*.

Supongamos que el S&P 500 subió un 20% el año pasado.

Ahora ese 15% de rentabilidad no parece tan grande en comparación.

Su selección de inversiones individuales en realidad le restó valor: se desempeñó peor que la mayoría de los inversores en el mercado, peor de lo que debería haber hecho dadas las condiciones externas.

La teoría financiera formaliza estos conceptos dividiendo las fuentes de rentabilidad de una cartera en dos partes: lo que llamaremos rentabilidad alfa y rentabilidad beta. Formalmente, la beta mide la sensibilidad de una cartera al mercado en general y, por lo general, es una función de lo arriesgada que es la cartera. El alfa, en cambio, mide la diferencia entre la rentabilidad de una cartera y la de una cartera de mercado equivalente (con un riesgo equivalente).

Los detalles precisos de cómo calcular el alfa y la beta no son demasiado importantes (véase la sección de lecturas adicionales si está interesado). Lo importante es entender que cualquier cartera tiene dos cosas que afectan a sus rendimientos: el mercado en general (beta), y la selección de inversiones individuales (alfa).

Para abreviar, llamaremos "rendimientos beta" a la parte de los rendimientos de una cartera que están relacionados con el mercado en general, y "rendimientos alfa" a la parte de los rendimientos de una cartera que están en función de la selección de valores (tenga en cuenta que esto es una abreviatura y que estos términos pueden no aparecer en otros textos). En los ejemplos de los paraguas, estos corresponden al tiempo y a las ventas.

Por qué los rendimientos Beta son positivos (a lo largo del tiempo) y los rendimientos Alfa no lo son:

En el primer capítulo vimos que, durante periodos muy largos, como el último siglo, el mercado bursátil en general se ha revalorizado en torno al 10% anual, es decir, el 6% después de tener en cuenta la inflación. Dado que estamos hablando de una rentabilidad a nivel de mercado, se trata de una rentabilidad beta.

Cabe preguntarse de dónde procede esa rentabilidad. En otras palabras, ¿por qué las acciones tienen rendimientos positivos superiores a la inflación durante largos periodos de tiempo?

La respuesta tiene que ver con el propósito económico fundamental del mercado de valores: canalizar el dinero de los particulares que tienen dinero hacia las empresas que necesitan dinero para construir algo. Si los inversores no pudieran obtener una rentabilidad positiva a lo largo del tiempo, se negarían a invertir. La incertidumbre de las inversiones en acciones significa que los inversores exigen que se les compense por el riesgo que están asumiendo, por lo que las acciones deberían rendir más que otros tipos de inversiones menos arriesgadas a lo largo del tiempo.

Dicho de otro modo, **si los rendimientos de la beta no fueran positivos a lo largo del tiempo, no podría haber mercado de valores**.

. . .

En cambio, **no hay ninguna razón económica para que los rendimientos alfa tengan que ser positivos**.

Los rendimientos alfa positivos son el resultado de la suerte o de la habilidad, no de la compensación por haber asumido algún tipo de riesgo. Esto tiene una implicación muy importante: el alfa **es un juego de suma cero**. Si la cartera de un inversor tiene rendimientos alfa positivos (rendimiento superior al del mercado), debe haber al menos otro inversor cuya cartera tenga rendimientos alfa negativos (rendimiento inferior al del mercado en general). En el universo de todos los inversores, los rendimientos alfa deben tener una media de cero.

La suma cero

Existen distintos estilos de presupuesto que puedes usar, pero hay un tipo específico que resulta extremadamente fácil de implementar para casi todos. A menudo se le llama presupuesto de suma cero, y hay muchos expertos en finanzas que consideran que es una de las mejores opciones disponibles para administrar el dinero en el hogar.

· · ·

Pues bien, ¿qué es exactamente un presupuesto de suma cero? El nombre puede haberte hecho pensar en un sistema complejo para administrar tu dinero, pero en realidad es todo lo contrario: es extremadamente sencillo de entender e implementar.

Al usar un presupuesto de suma cero o un estilo similar, te ves forzado a gastar cada centavo que ganas, pero no de la manera que la mayoría de la gente lo hace. El concepto central de esta estrategia presupuestaria es darle a cada dólar un propósito, para evitar las fugas de dinero y para que puedas maximizar tus ingresos. Al final de cada mes deberías estar alcanzando los cero dólares restantes. Es importante tener en cuenta que el presupuesto de suma cero funciona utilizando los ingresos reales del mes anterior para pagar los gastos del mes actual. Debido a esto, es importante haber ahorrado por lo menos un mes de gastos antes de comenzar.

Con este tipo de presupuesto, te verás obligado a poner todo tu dinero a trabajar, ya sea pagando tus cuentas y deudas o invirtiéndolo o ahorrándolo. Cada dólar tiene que ser utilizado. Cuando no le das a tu dinero un "trabajo" o una función, es más probable que lo gastes descuidadamente. Esta es la razón principal por la que este tipo de presupuesto funciona para mucha gente.

Cuando creas un plan integral que da cuenta de todo, no debería sobrar dinero del que se pueda hacer mal uso.

Creación del plan

Con suerte, ya estás interesado en usar el plan de presupuesto de suma cero, pero incluso si decides tomar acciones inmediatas, no es algo que puede suceder de la noche a la mañana.

Hay algunos pasos que tendrás que tomar antes para que este presupuesto funcione efectivamente y te ayude a alcanzar tus metas.

- **Da seguimiento a tus gastos**. Como hemos mencionado, es crucial que sepas a dónde ha estado yendo tu dinero durante los últimos 1-4 meses. Si no utilizas tarjetas de débito o crédito y rara vez tienes recibos a la mano, es una buena idea empezar a prestar atención a tus hábitos de compra de ahora en adelante.

- **Clasifica tus gastos más comunes**. Una vez que sepas a dónde va tu dinero normalmente durante un mes, determina qué categorías están relacionadas con la mayoría de tus gastos. Estos varían y a veces son únicos para todos, pero algunos ejemplos pueden ser alimentos, salidas a restaurantes, mantenimiento de automóviles/hogar, gas/transporte, servicios públicos, entre otros. Enumera todo esto y también cualquier gasto recurrente como planes de teléfono celular, hipoteca, etcétera.

- **Conecta tus gastos con las categorías**. Una vez que hayas enumerado las categorías, es hora de revisar los gastos de los meses anteriores y asignar cada gasto a la categoría adecuada. Al final de cada columna, súmalo todo para que puedas ver el total de lo que estás gastando cada mes.

- **Identifica con precisión las áreas problemáticas**.

Podrías sorprenderte (y no en el buen sentido) cuando veas los números concretos justo frente a ti.

Por ejemplo, puedes sorprenderte de haber gastado mucho más de lo que esperabas en salidas a restaurantes o en ir al cine. Sea lo que sea que encuentres, este es el mejor momento para hacer un cambio para mejorar.

. . .

- **Asigna una nueva cantidad para cada categoría**. Una vez que hayas superado la sorpresa inicial de cuánto has estado gastando, es hora de mirar cada una de tus categorías y asignarle un nuevo número. Por ejemplo, si anteriormente gastabas $700 cada mes en restaurantes, baja este número a $400 o $500 (o a la cantidad que te resulte cómoda al principio).

Una vez que hayas asignado un nuevo número a cada una de tus categorías, es importante comparar los totales con tus ganancias actuales. Idealmente, gastarás mucho menos de lo que estás ganando actualmente y puedes darle un buen uso al excedente de dinero destinándolo al pago de deudas, a la construcción de un fondo de emergencia, a ahorros, inversiones, etcétera. En algunos casos, después de haber asignado una nueva cifra a cada categoría, te darás cuenta de que todavía estás gastando más de lo que ganas, y será necesario hacer recortes adicionales aquí y allá para que el presupuesto funcione.

Haz que funcione

Para que este tipo de presupuesto funcione, necesitarás estar un mes por delante de tus finanzas, porque estarás usando el ingreso del mes pasado para pagar tus gastos del mes actual. La manera más rápida de hacer esto es ahorrando un mes completo de gastos y luego usar esos fondos para el presupuesto del mes siguiente. Si ya tienes un mes de gastos ahorrados, estás un gran paso adelante. Usa ese dinero para pagar los gastos que has indicado para el presupuesto del mes siguiente y ahorra tu ingreso del mes actual para utilizarlo más adelante.

Las personas que ganan la misma cantidad de dinero cada mes encontrarán que la implementación de este estilo de presupuesto es extremadamente simple. Por ejemplo, si recibes la misma cantidad de dinero cada 15 días, y has recibido dos cheques de pago, simplemente tendrás que diseñar el presupuesto del mes siguiente con base en esa cifra.

Si tus ingresos son irregulares, no te preocupes: aun así, puedes usar este tipo de presupuesto. Solo tendrás que sumar lo que ganaste el mes anterior para calcular con cuánto dinero tienes que trabajar al crear el presupuesto. La única diferencia es que probablemente tendrás que hacer más ajustes cuando asignes límites de gastos a cada una de tus categorías cada mes debido a la variabilidad de lo que ganas. Te darás cuenta de que en los meses en los que tus ingresos son inferiores a la media, tu presupuesto se estirará hasta su límite. Usa los meses cuando suceda eso para determinar si es posible hacer recortes adicionales en tus categorías.

. . .

Por otro lado, los meses en los que ganas más de lo normal deberían facilitar el diseño de tu presupuesto para el próximo mes. Como le estás dando un propósito a cada centavo, simplemente puedes desviar el excedente hacia el pago de alguna deuda o a tu cuenta de ahorros que puedas alcanzar tus metas financieras más rápido.

Ejemplos

Echemos un vistazo a cómo luce este tipo de presupuesto cuando se aplica correctamente.

Vamos a desglosar los gastos de Jim, un hombre soltero que vive en una ciudad grande y que gana alrededor de $6000 cada mes.
Renta: $1300
Alimentos: $650
Internet: $250
Plan de teléfono celular: $300
Gasolina: $200
Entretenimiento: $600
Restaurantes: $550
Ropa: $350
Seguro médico: $150
Gastos varios: $300
Servicios públicos: $600

Pago de sus deudas: $800
Gastos totales: $6050

Como podemos apreciar, Jim gastó cada dólar que ganó, además de 50 dólares extra. Es extremadamente difícil alcanzar las metas financieras con este tipo de gasto. Jim también está usando alrededor de $800 cada mes para pagar la deuda de su tarjeta de crédito.

Después de decidir que le gustaría hacer algunas mejoras significativas en sus finanzas personales, Jim comienza a implementar un presupuesto de suma cero.

Ahora asigna las siguientes cantidades a sus gastos:
Renta: $1300
Alimentos: $550
Internet: $200
Plan de teléfono celular: $200
Gasolina: $200
Entretenimiento: $400
Restaurantes: $300
Ropa: $200
Seguro médico: $150
Gastos varios: $200
Servicios públicos: $600
Pago de sus deudas: $1700

Gastos totales: $6000

Como puedes ver, Jim hizo algunos grandes cambios. Recortó gastos como idas a restaurantes, entretenimiento y ropa. También optó por un plan menos costoso de Internet y de teléfono celular. Se dio cuenta de que hay gastos en los que es difícil hacer recortes significativos, como en el caso de los servicios públicos y el gas, por lo que no los ha tocado.

La renta también se mantuvo igual (aunque podría mudarse a una zona menos costosa si quiere ahorrar aún más dinero).

Los recortes que hizo le permitieron destinar los $1700 que no fueron asignados a una categoría para pagar sus deudas. Jim podrá pagar todas sus deudas mucho más rápido que antes. Tampoco está gastando ni un dólar más de lo que gana. Una vez que Jim haya pagado toda su deuda, podrá usar el dinero excedente para construir un fondo de emergencia.

Por qué los rendimientos beta ganan a los rendimientos alfa

. . .

De lo expuesto anteriormente, los rendimientos alfa parecen bastante atractivos, ya que son el resultado de la habilidad y no están sujetos a las fluctuaciones generales del mercado de valores. Sin embargo, hay tres razones de peso por las que la mayoría de los inversores deberían dedicar la mayor parte de su tiempo a pensar en los rendimientos beta y no en los alfa.

- **Los rendimientos beta son más importantes. Estadísticamente, la beta es un impulsor mucho más significativo de los rendimientos que el alfa.** Un estudio tras otro ha indicado que la mayoría de las diferencias entre las carteras del mundo real son una función de la beta. Las acciones concretas que poseen los distintos gestores de carteras son mucho menos significativas que su exposición general a las subidas y bajadas del mercado de valores.
- **Los rendimientos beta son mucho más fáciles de conseguir**. Intentar producir rendimientos alfa positivos es una batalla perdida para todos los inversores, salvo los más selectos. Los estudios indican que el 97% de los gestores profesionales de fondos de inversión son incapaces de batir al mercado de forma fiable (aparte de la suerte) después de deducir sus comisiones. El 3% superior puede ser legítimamente capaz de producir un alfa

positivo, pero es difícil de encontrar. Comprar fondos con los mejores historiales no es, por lo general, una estrategia ganadora en sí misma; muchos de estos gestores sólo han tenido suerte. Unos pocos gestores de fondos parecen producir rendimientos alfa consistentes a un nivel alto y estadísticamente significativo, pero muchos de la flor y nata de la cosecha son inaccesibles para los inversores individuales, o sus fondos se han hecho demasiado grandes para cuando es obvio que tienen habilidad.

- **Los rendimientos beta son mucho más baratos de conseguir.** Es muy fácil comprar esencialmente todo el mercado de valores y asegurarse de obtener el 100% de los rendimientos beta utilizando un ETF de bajo coste (más información sobre esto más adelante). Las comisiones de los ETF más populares pueden ser tan bajas como el 0,05% de los activos invertidos al año. En cambio, los fondos de inversión que tratan de seleccionar valores que superen la rentabilidad del mercado en general están sujetos a múltiples niveles de comisiones, incluidos los gastos de gestión, los costes de negociación y la compensación al vendedor o asesor que vende los fondos. Estas comisiones pueden suponer una media del 1,3% o más. Las comisiones de los fondos de inversión libre, que son vehículos de inversión menos regulados y que sólo están disponibles para los inversores de alto poder adquisitivo, son aún más elevadas. Además, no hay certeza de que ningún fondo vaya a producir realmente un rendimiento alfa positivo, incluso antes de deducir sus comisiones.

Su ventanilla única para todo tipo de beta: Fondos indexados y ETFs

La generación de alfa es un tema para otro libro, el resto de este se centrará en la generación eficiente de rendimientos beta. Hay cuatro formas en que los inversores pueden adquirir carteras diversificadas centradas en los rendimientos beta: fondos de inversión activos, fondos de inversión indexados, carteras de acciones individuales y ETF.

***Los fondos de inversión* son entidades que compran una mezcla diversificada de acciones en nombre de sus propios accionistas.**

Tradicionalmente, poseer acciones en un fondo de inversión ha tenido muchas ventajas frente a poseer una cartera diversificada de acciones individuales. Entre ellas, la comodidad, la posibilidad de dividir los costes de transacción entre varios propietarios y las ventajas de una gestión profesional.

Los fondos de inversión se presentan en dos variedades: "activos" y "pasivos".

***Los fondos de gestión activa* tratan de elegir valores que se comporten mejor que el mercado en general, sin dejar de poseer carteras diversificadas.** Muchas empresas de fondos contratan a cientos de analistas y gestores de cartera que se reúnen con la dirección de las empresas y realizan otras investigaciones exhaustivas sobre las perspectivas de una empresa, tratando de determinar si el precio actual de las acciones es demasiado alto o bajo.

Este tipo de fondos intentan ofrecer rendimientos alfa y beta al mismo tiempo. Aunque seguirán en gran medida al mercado (beta), pueden hacerlo un punto porcentual mejor o peor dependiendo de la habilidad o la suerte del gestor de la cartera (alfa).

***Los fondos pasivos*, también llamados *fondos índice*, son un tipo de fondo de inversión dedi-**

cado exclusivamente a ofrecer rendimientos beta.

En lugar de contratar a analistas para que investiguen qué empresas comprar, los fondos indexados se limitan a comprar cada de un índice de mercado amplio, como el S&P 500. Aunque los fondos indexados no podrán batir al mercado por definición, esta estrategia garantiza que lo harán al menos tan bien como el mercado (antes de las comisiones). Al no tener que contratar a cientos de analistas como los fondos de gestión activa, los fondos indexados pueden cobrar comisiones más bajas.

***Los fondos cotizados (ETF)* son fondos de índices que se negocian en una bolsa, como las acciones.** Para los inversores centrados en conseguir rendimientos beta, esto ofrece varias ventajas:

Comodidad. A diferencia de los fondos de inversión, los ETFs pueden adquirirse fácilmente a través de una agencia de valores de descuento, al igual que las acciones.

Ventajas fiscales. Es menos probable que los ETFs generen ganancias imponibles que los fondos de inversión hasta que usted venda las acciones.

• • •

Comisiones más bajas. Los ETF suelen tener comisiones ligeramente inferiores a las de los fondos de inversión indexados.

Los ETFs también tienen un par de desventajas con respecto a los fondos de inversión:

Comisiones. Como los ETF se compran como las acciones, normalmente tendrá que pagar una pequeña comisión a su agente de bolsa cada vez que opere. Sin embargo, muchos corredores ofrecen ahora una selección de ETFs sin comisiones (ver más abajo).

Liquidez. Los fondos de inversión están obligados a reembolsar diariamente las acciones a su valor liquidativo. En el caso de los ETF, no existe este requisito, por lo que usted depende de que haya alguien que compre sus acciones si quiere venderlas. Sin embargo, esto no es realmente un problema, excepto en el caso de algunos ETF pequeños que pueden ser poco negociados.

Los fondos indexados pueden ser un vehículo mejor para los pequeños inversores que desean invertir una pequeña cantidad cada periodo de pago o cada semana (lo que se denomina "promediación del coste en dólares"), ya que las empresas de fondos de inversión como T. Rowe Price o Vanguard no cobran una comisión por la entrada en un fondo. **Sin embargo, muchos corredores de bolsa de descuento han respondido eliminando los cargos por comisión en los ETFs elegibles.** Por ejemplo, los ETF de Vanguard pueden negociarse sin comisiones en cuentas de corretaje de descuento creadas en Vanguard o en TD Ameritrade.

Para quienes tengan más de 50.000 dólares de ahorros, los ETF pueden ser la forma más eficaz de obtener rendimientos beta, ya que combinan unas comisiones extremadamente bajas con la posibilidad de comprar y vender acciones fácilmente. Aquellos con ahorros más pequeños o que esperan hacer transacciones frecuentes pueden querer buscar fondos de inversión indexados, o al menos asegurarse de que están obteniendo operaciones libres de comisiones en los ETFs.

Consejos para que todo funcione

Si decides implementar este tipo de presupuesto, pronto te darás cuenta de que en realidad es muy fácil de usar una vez que hayas comprendido el concepto básico. Si sobre la marcha encuentras algún problema, hay cosas que puedes hacer para que el proceso sea más fácil.

Categorías para todo. Este presupuesto (y la mayoría de los demás tipos de presupuesto) funcionará mejor si puedes incluir categorías para tantas cosas como puedas. Habrá cosas que te gustaría no tener que presupuestar, pero debes incluirlas. Al diseñar tu presupuesto, asegúrate de anotar con precisión las categorías para todos tus gastos. A veces es útil incluir subcategorías en lugar de agrupar muchas cosas en una sola. Por ejemplo, en lugar de limitarte a una sola categoría para servicios públicos, puedes crear una para tu servicio de telefonía, de Internet, electricidad, entre otros.

Aunque tampoco se recomienda exagerar, si lo haces de esta manera tendrás una idea más precisa de tus gastos totales.

Ten categorías precisas. Aunque siempre puedes echar un vistazo a los ejemplos de hojas de presupuesto, recuerda que solo debe verlas como una guía para que tú puedas diseñar mejor tu propio presupuesto. Tienes necesidades, hábitos de gasto y obligaciones financieras que son únicas, por lo que es mejor ser minucioso al revisar tus gastos de los meses anteriores para poder dar cuenta de todo aquello en lo que gastas dinero.

Manejo de gastos variables. Puede ser difícil presupuestar los gastos variables como las facturas de electricidad o gas, ya que tienden a fluctuar de un mes a otro. Con estos gastos, es mejor sobreestimar un poco cuánto crees que vas a gastar. Recuerda que puedes usar el dinero que te sobra en otras categorías, como el pago de tus deudas o inversiones.

Mantén una actitud positiva. Revisar tus gastos puede ser sorprendente y causar shock al principio. El presupuesto puede ser a veces un ejercicio estresante, así que es importante tratar de mantener una actitud positiva, especialmente al principio. A medida que pasen los meses, te darás cuenta rápidamente del impacto positivo que tendrá en tu vida una vez que comiences a pagar todas tus deudas y dejes de vivir al día.

Revisa tus gastos por lo menos dos veces al mes. Puede que te sientas confiado ahora que tienes una estrategia de administración de dinero lista, pero será difícil de implementar si no estás revisando y llevando el seguimiento de tus gastos por lo menos dos veces al mes. Es incluso preferible hacer dicho seguimiento una vez por semana, porque probablemente te sentirás abrumado por todos los números que tienes que ingresar si dejas pasar varios días.

Trata de implementar un cronograma para revisar con frecuencia cada categoría y ver cómo van tus gastos para el mes y cuánto te queda. De esta manera, será mucho más fácil no gastar más de la cuenta.

Prepárate para los obstáculos. Puede que tu nueva estrategia para administrar tu dinero empiece bien, pero recuerda que a medida que pasen los meses tendrás que ajustar y reajustar los números para cada una de tus categorías. Al principio podrías pensar que te las puedes arreglar con solo $400 destinados al entretenimiento, y en algún punto empezar a sentirte restringido y limitado debido a ello. O puede ser que te des cuenta de que no calculaste bien tu presupuesto para alimentos y hayas tenido dificultades para financiar tus comidas. Cuando notes que esto está sucediendo, recuerda tomar notas para que puedas hacer ajustes cuando diseñes el presupuesto para el próximo mes. Este tipo de presupuesto es muy adaptable y puede cambiar rápidamente para adaptarse a tus necesidades. No debes sentirte extremadamente limitado o restringido.

. . .

El estilo de presupuesto de suma cero puede ser justo lo que necesitas para alcanzar tus metas financieras y tener el control total sobre tus gastos. Con un poco de práctica, podrás identificar rápidamente los puntos problemáticos, las fugas, y crear límites con los que te sientas cómodo. Al final podrás tener tu dinero trabajando para ti y no en tu contra.

La mejor parte es que no necesitas gastar ni un dólar más para poder empezar. Todo lo que se requiere es que revises tus gastos del mes anterior y empieces a ahorrar hacia el total. Esto probablemente hará que te des cuenta de algunos de tus defectos al administrar tu dinero, pero es un paso necesario para hacer cambios significativos que te beneficiarán durante mucho tiempo.

Otros tipos de presupuesto

Si deseas intentar algo diferente al presupuesto de estilo de suma cero, te comparto un par de ideas más que puedes probar:

Presupuesto porcentual

. . .

No a todo el mundo le gusta la idea de vivir con un presupuesto detallado como el del estilo de suma cero, en el que hay varias categorías para cada tipo de gasto. Si ese es tu caso, un presupuesto basado en porcentajes podría ser una mejor opción.

Hay dos opciones comunes de presupuestos basados en porcentajes. El primero es el presupuesto 80-20. Esto básicamente significa que estarías destinando el 20% de tus ingresos totales a tus ahorros, y el 80% para todo lo demás.

La segunda alternativa es usar el presupuesto del 50-30-20, donde estarías usando el 50% de tu ingreso total en gastos esenciales como alimentos, vivienda, servicios públicos, transporte, etcétera.

El 30% debe destinarse a gastos tales como Internet y planes de telefonía celular, entretenimiento, membresías de gimnasios, etcétera. El 20% restante debería destinarse al ahorro.

Una de las desventajas de los presupuestos basados en porcentajes es que, si gastas más de la cuenta en algunas categorías, podrías sentirte tentado a tomar algo del 20% destinado al ahorro. Algunos profesionales de las finanzas personales también creen que el 20% de los ahorros podría ser un poco demasiado bajo para la jubilación. Otra cosa que vale la pena considerar es que si optas por un presupuesto de 50-30-20, depende de tu criterio determinar qué constituye un gasto esencial. Las personas que tienen problemas de autocontrol en el manejo de su dinero deben tratar de establecer una transferencia automática de fondos, para que el 20% de los ingresos mensuales vaya directamente a la cuenta de ahorros.

También es posible dividir el 20% utilizando el 10% para tu cuenta de jubilación y el 10% para tu fondo de emergencia hasta que este esté bien construido. Si estás planeando comprar una casa o un automóvil, también podrías dividir el 20% de manera similar.

El presupuesto basado en porcentajes es una gran opción para las personas que se sienten fácilmente restringidas por otros métodos de presupuesto. Aunque es posible que no tomes decisiones tan buenas en comparación con otros métodos, la implementación de un presupuesto basado en porcentajes es mucho mejor que no tener ningún presupuesto en absoluto. Si no te sientes restringido con tus gastos, es más probable que te mantengas apegado a tu plan.

El presupuesto del "sobre"

. . .

El presupuesto del sobre puede considerarse una variante del presupuesto de suma cero. Echemos un vistazo a sus diferencias y similitudes. Con el presupuesto del sobre, también estarás fijando la cantidad que gastarás en cada una de tus categorías. La diferencia es que pondrás el dinero designado en efectivo en sobres y contenedores, y solo podrás gastar el dinero dentro de ellos. Esta variante es ideal para personas que carecen de autocontrol.

Por ejemplo, digamos que has determinado que gastarás $500 en alimentos, $300 en restaurantes y $200 en entretenimiento. Luego tomarías cada cantidad y la pondrías dentro de tres sobres diferentes que están etiquetados como alimentos, restaurantes y entretenimiento. Cada vez que vayas al supermercado, tendrás que abrir el sobre con la etiqueta de alimentos y solo podrás tomar la cantidad de dinero que necesites para esa ocasión. Recuerda que no podrás usar más de lo que hay dentro de cada sobre, por lo que debería poder durarte hasta fin de mes. Harías lo mismo en caso de querer ir a comer a algún restaurante o hacer algún gasto relacionado con tu entretenimiento.

. . .

Este tipo de presupuesto puede parecerte un poco forzado, pero rápidamente te enseñará que tendrás que gastar menos en restaurantes si quieres poder ir al cine.

Usar un software para presupuestos

Todos los tipos de presupuesto mencionados en este capítulo son sencillos de implementar y no requieren ningún software caro o sofisticado. Puedes empezar con una pluma y un trozo de papel. Sin embargo, hay softwares disponibles (tales como aplicaciones) diseñados para que el trabajo sea más fácil. Ser capaz de rastrear los gastos e ingresar y ajustar los números desde cualquier dispositivo móvil o computadora puede ser de gran ayuda para muchas personas. Incluso si estás usando el presupuesto del estilo sobre, hay varias aplicaciones y servicios disponibles para implementarlo si no te gusta manejar dinero en efectivo.

Un software para elaborar presupuestos también te puede mostrar gráficos e informes para que detectes fácilmente los puntos problemáticos y las fugas, así como tus progresos.

. . .

Para aquellos que no tienen dinero extra para gastar, incluso hay opciones gratuitas para ayudar a crear el presupuesto y hacer el seguimiento de los gastos. Las opciones más costosas pueden incluir características que te pueden resultar útiles, como por ejemplo, el servicio de asesoramiento de un experto en finanzas personales.

El uso de software para presupuestar depende totalmente de ti y de tus necesidades. Si sientes que es más fácil para ti mantenerte al día con ayuda de ellos, entonces opta por usar uno. Sin embargo, si sientes que solo estarías complicando demasiado el proceso, es mejor que te los saltes y te atentes a lo básico, como el lápiz y el papel.

6

Más allá de la Bolsa: Una
introducción a las clases de activos
Vender algo más que paraguas

A PESAR de mis auténticos elogios, puede que haya sido un poco injusto con el emprendedor vendedor de paraguas del capítulo anterior. Los mejores vendedores de paraguas son, sin duda, lo suficientemente sabios como para darse cuenta de que sus ventas sólo van a prosperar realmente en un tipo de clima concreto. A no ser que vivan en el noroeste del Pacífico, donde llueve con seguridad la mayor parte del año, los vendedores emprendedores probablemente equilibrarán su exposición a la variabilidad del clima vendiendo también algo que la gente necesita en otras condiciones climáticas, como gafas de sol. De este modo, tanto si hace sol como si llueve, siempre podrán vender algo.

Del mismo modo, en nuestro debate sobre las alfas y las betas hasta la fecha hemos sido un poco injustos al concentrarnos demasiado en el mercado de valores, y en particular, en el mercado de valores estadounidense.

Al fin y al cabo, es posible colocar el dinero en otro tipo de inversiones que pueden ir bien en un momento en que el mercado de valores estadounidense no lo hace.

Introducción a las clases de activos

Los análogos de los paraguas y las gafas de sol en el mundo de la inversión son las diferentes *clases de activos*. En términos generales, son los tipos de "cosas" en los que puede invertir sus ahorros. Incluyen acciones (que pueden dividirse en acciones estadounidenses, acciones internacionales y acciones de mercados emergentes), bonos, bonos protegidos contra la inflación, materias primas y bienes inmuebles.

Acciones

***Las acciones* son activos financieros que representan una participación en empresas reales**. Las acciones tienen un valor real porque cuando las empresas ganan dinero suelen devolver una parte de los beneficios a los accionistas en forma de dividendos en efectivo que se pagan cada año. En ausencia de cualquier tipo de mercado de valores, el valor de cualquier acción sería simplemente el valor esperado de su futuro flujo de dividendos, descontado a dólares de hoy para tener en cuenta la inflación. En el mundo real, donde las acciones cambian constantemente de manos en una bolsa, los precios fluctúan enormemente porque nadie sabe con certeza cuál será el valor de ese flujo de dividendos.

Los inversores en acciones esperan rentabilizar su inversión de dos maneras diferentes:

Dividendos. Los pagos anuales o semestrales a los accionistas que representan ganancias devueltas a los propietarios.

Ganancias de capital. Es el resultado de vender las acciones a otra persona por un precio superior al de compra.

Las acciones pueden dividirse además en diferentes clases de activos en función del país en el que reside la empresa subyacente. La lógica de esta división es que los ciclos económicos de las distintas regiones del mundo no siempre coinciden exactamente. Por ejemplo, las acciones chinas pueden ir bien en un momento en que las acciones italianas no.

. . .

***Las acciones nacionales* son inversiones en empresas estadounidenses que suelen cotizar en la Bolsa de Nueva York o en el mercado NASDAQ**. Las acciones estadounidenses son las inversiones más seguras para los ciudadanos de Estados Unidos por dos razones:

- El sistema jurídico firmemente establecido en Estados Unidos garantiza una alta probabilidad de que se protejan los derechos de los inversores. Esto es extremadamente importante, ya que cualquier inversión implica entregar una cierta cantidad de dinero hoy para un retorno incierto en el futuro. Con un sistema legal menos establecido, las empresas podrían verse tentadas a tomar el dinero y no devolver nada.
- Dado que las inversiones se realizan en empresas cuyos beneficios son mayoritariamente en dólares, el riesgo de cambio es menor en comparación con la inversión en empresas del extranjero.

***Los valores internacionales de los mercados desarrollados* son empresas domiciliadas en lugares como Europa, Australia y Japón**. Se trata también de países con una larga y consolidada historia de capitalismo y Estado de Derecho, aunque los riesgos para los ciudadanos estadounidenses al invertir en otros países pueden ser algo mayores que al comprar activos estadounidenses. El rendimiento de estas inversiones suele ser en una moneda diferente, como el euro o el yen.

Esto crea el riesgo de que los inversores estadounidenses pierdan dinero si esa moneda pierde valor en relación con el dólar. Sin embargo, algunas de estas economías pueden experimentar tasas de crecimiento superiores a las de Estados Unidos en los próximos años.

Muchos consideran que las acciones de *los mercados emergentes* de países como China, India y Brasil tienen el mayor potencial de rentabilidad y los mayores riesgos de todas las acciones.

Estos países en rápido desarrollo no siempre tienen un historial establecido de capitalismo o sistemas legales, y siempre hay una pequeña posibilidad de que un gobierno extranjero confisque las participaciones de los accionistas extranjeros durante una crisis. Al mismo tiempo, las economías de muchos países con mercados emergentes han crecido mucho más rápido que la economía estadounidense en la última década. Es probable que países como China e India sigan creciendo más rápido en el futuro, porque actualmente tienen niveles de vida mucho más bajos. Sin embargo, esto no garantiza que su mercado bursátil vaya a superar al de EE.UU., ya que es posible que el precio de sus acciones ya tenga en cuenta la expectativa de un alto crecimiento en el futuro.

Bonos

Como se ha comentado anteriormente, los bonos son como pagarés a una empresa o a un gobierno. Los tenedores de bonos prestan su dinero durante un periodo de tiempo determinado. A cambio, se les compensa con el pago de intereses en un periodo determinado, a menudo cada seis meses. Los bonos se consideran una inversión más segura que las acciones por un par de razones:

Con un bono, el prestatario se compromete a devolver el importe total del préstamo al final del plazo. En el caso de las inversiones en acciones, no existe tal promesa.

En caso de que la empresa no pueda devolver sus préstamos y quiebre (como ocurrió con Enron y Lehman Brothers), los tenedores de bonos tienen el primer derecho sobre los activos de la empresa, por lo que se les devolverá la totalidad del dinero antes de que los accionistas reciban algo.

El mercado de bonos puede dividirse en varios segmentos diferentes en función del tipo de entidad que emite el bono, es decir, el prestatario. Los principales segmentos incluyen los bonos del Tesoro, los bonos corporativos, los valores respaldados por hipotecas y los bonos municipales.

Las inversiones en bonos del gobierno federal (llamados bonos del Tesoro porque son emitidos por el Departamento del Tesoro de EE.UU.) **son el tipo más seguro de inversiones en bonos porque vienen con el pleno respaldo del gobierno de EE.UU.,** que tiene la autoridad para gravar a los ciudadanos de la mayor economía del mundo, así como para imprimir dinero.

También existe un gran mercado de bonos corporativos, que son simplemente bonos emitidos por empresas para financiar sus necesidades de capital. Como siempre existe la posibilidad de que una empresa quiebre y no pueda pagar sus obligaciones a los tenedores de bonos, éstos se consideran más arriesgados que los bonos del Tesoro y, por lo tanto, pagan intereses más altos a sus tenedores.

. . .

Los bonos respaldados por hipotecas son, como su nombre indica, bonos que se utilizan para financiar hipotecas para la compra de viviendas. Suelen estar garantizados por una de las ya famosas agencias cuasigubernamentales, Fannie Mae o Freddie Mac. Al estar implícitamente respaldados por el gobierno federal, suelen tener pagos de intereses más bajos que los bonos corporativos. Sin embargo, las compras de valores respaldados por hipotecas están sujetas a otro tipo de riesgo denominado riesgo de prepago. En resumen, dado que los propietarios de viviendas tienen la opción de refinanciar o devolver su hipoteca antes de tiempo, los titulares de MBS nunca están seguros de cuándo recibirán su dinero de vuelta (lo que no es una característica atractiva si usted está tratando de planificar su jubilación).

Los bonos municipales son bonos que emiten las ciudades y los estados para financiar las necesidades de gasto a corto plazo. Los "Muni Bonds", como se les conoce, son interesantes sobre todo porque son bonos libres de impuestos: el gobierno federal sí aplica los impuestos sobre la renta normales a los pagos de intereses. Esto los hace atractivos para los inversores con un alto nivel de impuestos que utilizan una cuenta imponible. Sin embargo, debido a esto, los bonos municipales pueden venderse a un precio superior al de otros tipos de bonos, por lo que para los inversores con una cuenta libre de impuestos o que estén en un tramo fiscal más bajo, puede haber mejores opciones.

Bonos protegidos contra la inflación

Aunque los bonos del Tesoro ordinarios garantizan la devolución del importe total del préstamo, no hay ninguna garantía de lo que ese dinero podrá comprar cuando se devuelva. Por ejemplo, imaginemos que el "ciudadano medio" compra un bono del Tesoro a 30 años con un tipo de interés del 5% por 1.000 dólares. Joe recibirá 50 dólares cada año, así como la devolución de sus 1.000 dólares originales al cabo de 30 años. Sin embargo, en esos 30 años, la tasa anual de inflación (el aumento gradual del precio de los bienes a lo largo del tiempo) puede haber sido también del 5%. Utilizando la "regla del 72" del primer capítulo, esto significa que el precio de los bienes se duplicaría aproximadamente cada 15 años (72 / 5 es aproximadamente 15) y *se cuadruplicaría* en 30 años. Por lo tanto, aunque Joe recibió sus 1.000 dólares originales como estaba previsto, sólo le servirán para comprar 1/4 de las cosas que le habrían servido hace 30 años.

. . .

Los valores del Tesoro protegidos contra la inflación (TIPS) se diseñaron para resolver este problema para los inversores. El pago de intereses que los tenedores de bonos reciben cada seis meses se llama cupón. Los TIPS **pagan un cupón semestral menor que los bonos normales del Tesoro, pero a cambio protegen a los inversores de la creciente inflación ajustando automáticamente tanto los pagos de los cupones como el valor del préstamo a los efectos de la inflación.** Así, en el ejemplo anterior, Joe habría recibido realmente 4.000 dólares al cabo de 30 años, a pesar de haber invertido sólo 1.000 dólares. Y podría comprar tantas cosas con su inversión como hace 30 años cuando la hizo.

Además, recibiría sus pagos de intereses anuales, aunque suelen ser menores en el caso de los TIPS que en el de un bono del Tesoro normal.

Bienes inmuebles (REITs)

Puede que los bienes inmuebles sean la clase de activos más conocida para el inversor medio. Pero muchos no se dan cuenta de que, además de adquirir una residencia personal, también pueden comprar participaciones en apartamentos, casas y explotaciones comerciales como centros comerciales. Los particulares pueden invertir en bienes inmuebles a través de un instrumento financiero llamado Real Estate Investment Trust, pero más conocido por sus siglas: REIT.

Los REIT **son entidades jurídicas que poseen propiedades como edificios de apartamentos, centros comerciales y edificios de oficinas.** Los REITs ganan dinero cobrando a los ocupantes de sus edificios un alquiler cada mes. La ley les obliga a transferir la mayor parte de los beneficios que obtienen cada año directamente a los accionistas del REIT en forma de dividendos.

Dado que un REIT es una entidad especial que está obligada por ley a distribuir la mayor parte de sus beneficios cada año, no tiene que pagar el impuesto de sociedades, lo que constituye una ventaja fundamental de esta estructura.

Los REIT son una clase de activos importante para el inversor particular, ya que suelen tener un buen rendimiento en los periodos en los que el mercado bursátil está a la baja o cuando hay una alta inflación.

Productos básicos

Las materias primas son recursos físicos reales, como el petróleo, el oro y el cobre. La compra directa de materias primas es distinta de la compra de acciones de empresas que las extraen, como Exxon-Mobil. Los inversores pueden poseer piezas de fondos que invierten en materias primas reales a través de un nuevo e innovador conjunto de ETF. Estos fondos imitan el proceso de compra y tenencia de materias primas físicas mediante el uso de los llamados contratos de futuros.

Otros

Los activos alternativos, como el capital riesgo, los fondos de cobertura y el capital privado, son otras opciones para los inversores sofisticados y de alto poder adquisitivo, pero no se tratarán aquí.

7

Por qué el S&P 500 no es
suficiente: cómo utilizar los
principios de la diversificación para
elegir una asignación inteligente
de activos

La elección de la asignación global de activos de su cartera es la decisión de inversión más importante que tomará. El principio más importante que hay que aplicar en la asignación de activos es la diversificación, es decir, invertir en múltiples tipos de activos.

La diversificación es la única forma segura de aumentar el rendimiento esperado de una cartera sin aumentar su riesgo.

Para obtener el máximo beneficio de la diversificación, no basta con poseer una amplia cartera de acciones o fondos de inversión. En cambio, los inversores deben poseer múltiples clases de activos, como acciones internacionales, bienes inmuebles, bonos y materias primas. Un plan inteligente de asignación de activos debería parecerse a los propuestos por los gestores más inteligentes de las dotaciones de la Ivy League.

Completar la analogía del paraguas

Quizá piense que a estas alturas ya hemos hablado de paraguas más de lo que se justifica en cualquier texto financiero. Pues bien, es cierto. Pero hasta ahora un elemento de nuestra historia de los paraguas sigue estando ligeramente fuera de lugar. En nuestro hipotético mercado de paraguas, las transacciones se realizan entre vendedores profesionales y gente corriente olvidadiza. Pero imaginemos un mercado compuesto no por vendedores que venden a clientes, sino por vendedores que venden sus paraguas y gafas de sol entre sí.

¿Qué determinaría el éxito en un mercado en el que todo el mundo fuera un profesional bien informado? El trabajo duro, la capacidad de atención al cliente y el entusiasmo general podrían seguir aportando algún valor. Pero cualquier éxito que tuviera un vendedor individual se produciría a costa de algún otro vendedor. Si alguien cobra más que el precio medio de los artículos, entonces otro paga más que ese precio. Es un juego de suma cero. El verdadero motor del éxito serían las elecciones que cada vendedor hace al seleccionar la mercancía. Una proporción elevada de paraguas y gafas de sol conduciría al éxito en épocas de lluvia, pero al fracaso cuando el sol es constante. Un vendedor que apueste por el tiempo soleado abasteciéndose de gafas de sol tendrá problemas si la lluvia se instala durante días.

Esta es una aproximación muy cercana a la situación actual de los mercados financieros.

En la mayoría de las transacciones bursátiles, hay un profesional en ambos lados de la operación. Puede ser posible, si uno es inteligente y dedicado y tiene mucho tiempo libre, producir un alfa positivo y batir al mercado de valores escogiendo buenas acciones. Pero para la mayoría de los inversores, lo que realmente va a importar es la combinación de clases de activos que adquiera. Un estudio tras otro demuestra que la asignación de activos, y no la selección de valores, es la causa de la inmensa mayoría de las diferencias en los rendimientos de las distintas carteras.

Por qué la diversificación es un almuerzo gratis para los inversores

A primera vista, podría parecer que la diversificación debería ser una cuestión de preferencia. Los que tienen una alta tolerancia al riesgo podrían mantener racionalmente carteras no diversificadas con la esperanza de obtener rendimientos superiores, mientras que los que quieren menores "oscilaciones" mantienen una cartera más diversificada.

Este es el caso, por ejemplo, de los dados. Supongamos que se apuesta por el siguiente número que saldrá en un solo dado. Las probabilidades de acertar un número cualquiera son de 1/6. Podría apostar a tres números y tendría una probabilidad de 3 entre 6 (50%) de acertar, pero esta apuesta costaría tres veces más que una apuesta a un solo número, por lo que al final no importa realmente si apuesta a un número o a tres.

Tanto si está diversificado como si no lo está, si juega el juego suficientes veces sus rendimientos serán los mismos.

Pero invertir es diferente a jugar a los dados. En la inversión, la diversificación realmente crea valor. **Diversificar sus inversiones le permite obtener mayores rendimientos sin asumir más riesgo, o lo que es lo mismo, asumir menos riesgo sin sacrificar ningún rendimiento.**

. . .

El segundo de ellos - cómo se puede reducir el riesgo de una cartera con la diversificación - es bastante claro. Imagine que le dan dos inversiones para elegir. Ambas tienen una rentabilidad anual esperada del 8%, pero también tienen una probabilidad de 1 entre 5 de perder el 50% durante el próximo año. Si compra cualquiera de las dos inversiones, esperará ganar un 8%, pero tendrá un 20% de posibilidades de perder el 50%. ¿Pero qué pasa si compra cantidades iguales de ambas inversiones? La rentabilidad esperada sigue siendo del 8%, pero ahora la posibilidad de perder el 50% es sólo de 1 entre 25 (4%), porque sería necesario que ambas empresas tuvieran años inusualmente malos para que usted se encontrara en el peor de los casos (esto supone que las inversiones no están relacionadas, es decir, que un mal año para una de ellas no es más probable de lo normal que sea un mal año para la otra). Así que su rendimiento medio es el mismo, pero su riesgo es menor. Es una situación en la que todos salimos ganando.

Veamos otro ejemplo para ver por qué la diversificación también puede aumentar la rentabilidad manteniendo el mismo riesgo. Supongamos que una cartera invertida íntegramente en acciones corre el riesgo de perder hasta el 60% de su valor (lo que se aproxima a la pérdida histórica de pico a fondo del mercado en un mercado realmente malo). No hay mucha gente capaz de soportar una pérdida del 60%.

. . .

¿Y si sólo puede aceptar el riesgo de una pérdida del 30% debido a sus necesidades de ingresos?

Una solución es mantener un 50% de efectivo y un 50% de acciones, de modo que su cartera total nunca caiga más del 30%. Sin embargo, hoy en día el rendimiento del efectivo es casi nulo, por lo que también reduciría su rendimiento total en un 50%. Si esperaba ganar un 8% de media con su cartera de acciones, ahora sólo ganará un 4%.

Pero si también tiene la opción de invertir en otro activo -quizás llamado "bonos"- que suele ir *bien* en los periodos en que las acciones van a sufrir, entonces su perspectiva cambia por completo. Supongamos que los bonos sólo devuelven un 3% al año de media, pero que devolverán un 10% en los años en los que las acciones pierdan un 60%. Ahora se puede esperar que una cartera con un 50% de bonos y un 50% de efectivo pierda un 25% en un año realmente malo, aunque siga ganando un 5,5% de media. Pero como los bonos diversifican su riesgo, esto le permite invertir aún más dinero en acciones, de modo que puede aumentar su rendimiento aún más.

Paradójicamente, la diversificación le permite

aumentar la cantidad de dinero en activos de alto riesgo mientras acepta el mismo nivel de riesgo que antes.

Esta capacidad de combinar clases de activos no correlacionadas para suavizar los rendimientos es extremadamente importante cuando se trata de la asignación de activos (más sobre esto en el próximo capítulo). Durante muchos periodos de la historia reciente, una clase de activos se ha comportado especialmente bien mientras que otra se ha tambaleado. Por ejemplo, en la década de 1970, las materias primas tuvieron un gran mercado alcista, mientras que las acciones tuvieron un mal comportamiento. En las desagradables secuelas de la burbuja de las puntocom, fueron los bienes inmuebles los que tuvieron un gran rendimiento. Y en 2008, los bonos del Tesoro se dispararon cuando los mercados de renta variable se desmoronaban. Así pues, una cartera de acciones, bonos, bienes inmuebles y materias primas tiene un riesgo menor que una cartera de acciones únicamente, y este menor nivel de riesgo, de forma un tanto paradójica, le permite mantener más dinero en activos de riesgo que podrían caer en valor, obteniendo así una mayor rentabilidad

Esta notable propiedad es la razón por la que la diversificación es un "almuerzo gratis". Le permite evitar el habitual equilibrio entre riesgo y rendimiento.

. . .

Si se diversifica una cartera no diversificada, se pueden obtener mayores rendimientos sin aumentar la posibilidad de perder dinero, o se puede reducir la posibilidad de perder dinero sin perjudicar los rendimientos a largo plazo. En ninguna otra parte de las finanzas se da este caso.

Un fondo de índice S&P NO es un fondo diversificado Cartera

Muchos han interpretado la lección de la diversificación en el sentido de que su cartera debe incluir el mayor número posible de acciones. Uno de los resultados de esta creencia generalizada es la extrema popularidad de los fondos indexados y los ETF que siguen al S&P 500, un índice de mercado diversificado de 500 de las mayores empresas de EE.UU. Este tipo de fondos posee literalmente las acciones de todas las empresas del S&P 500.

Aunque los fondos indexados y/o los ETFs deberían desempeñar un papel importante en la cartera de todo inversor, lamentablemente mucha gente ha sacado la lección equivocada. Los **principales beneficios de la diversificación se producen entre clases de**

activos y sectores, no entre valores individuales. Una vez que una cartera de acciones estadounidenses incluye más de unos 25 nombres, la mayoría de los beneficios de la diversificación ya se han logrado, porque la mayoría de las acciones (en particular las del mismo sector) tienden a subir y bajar en sincronía entre sí de todos modos. Piense en todos los valores que conoce que subieron en 2008: es una lista bastante corta.

Es mediante la posesión de múltiples clases de activos - acciones extranjeras, bonos, TIPS, bienes raíces, materias primas, etc. - que podemos consumir realmente el "almuerzo gratis" de la diversificación (ejemplo: los TIPS y los bonos del Tesoro tuvieron años de bandera en 2008). Por desgracia, muchos inversores que poseen fondos indexados no se han dado cuenta de ello y no están verdaderamente diversificados, independientemente del número de acciones que posea su fondo.

Un plan inteligente de asignación de activos

Un buen punto de partida para crear su plan de asignación de activos es observar las asignaciones de algunos de los inversores más inteligentes del momento: los gestores de las

principales dotaciones de la Ivy League. Las dotaciones innovadoras, como Harvard y Yale, fueron pioneras en ir más allá de las clases de activos conocidas, como las acciones y los bonos, para añadir bienes inmuebles, materias primas, acciones internacionales, acciones de mercados emergentes y clases de activos alternativos, como los fondos de cobertura y el capital privado. Como resultado, la dotación de Yale ha superado al mercado bursátil estadounidense (y al S&P 500) en más de un 8% anual durante los últimos 20 años, a la vez que ha experimentado una volatilidad sustancialmente menor (una medida del riesgo).

Un gestor de carteras de la dotación de la Universidad de Yale, recomienda esta asignación para los inversores particulares:

30% Acciones estadounidenses

20% de bienes inmuebles en EE.UU.

15% de acciones internacionales de mercados desarrollados

5% valores de mercados emergentes

15% TIPS (Valores del Tesoro protegidos contra la inflación)

15% Bonos del Tesoro de EE.UU.

Con una asignación del 50% a las acciones mundiales, esta cartera tiene suficiente "jugo" para rendir bien en una época de aumento de los precios de los activos y de alto crecimiento económico como la década de 1990. Al mismo tiempo, la asignación del 30% a los bonos (dividida entre TIPS y bonos del Tesoro estándar) se mantendrá bien en un mercado bajista como el de 2008, y los TIPS y la considerable porción de bienes inmuebles se mantendrán en un entorno inflacionario severo como el de la década de 1970.

Dicho esto, hay algunas áreas en las que algunos inversores pueden querer ajustar un poco las recomendaciones de Swensen. (Advertencia: a continuación, se incluye material esotérico).

He aquí algunas sugerencias:

Mantener una asignación de bonos diversificada en lugar de sólo bonos del Tesoro de EE.UU. Swensen recomienda mantener toda la asignación de bonos en forma de bonos del Tesoro de EE.UU., o bonos del Tesoro, razonando que los bonos corporativos no proporcionan una diversificación significativa a una cartera que ya tiene acciones de las mismas empresas. Otros gurús abogan por mantener también bonos corporativos, valores respaldados por hipotecas, bonos municipales y bonos internacionales, y los inversores con un nivel impositivo más alto podrían considerar los bonos municipales.

Mantener un mayor porcentaje de la cartera en el extranjero o activos internacionales. La recomendación de Swensen da lugar a que el 80% de los activos de una cartera se sitúen en activos nacionales en dólares estadounidenses. Otros gurús de las finanzas abogan por una mayor exposición internacional que ésta, especialmente a mercados emergentes como China e India.

Añadir una exposición directa a las materias primas. La cartera sugerida por Swensen tiene una gran exposición al sector inmobiliario, pero no invierte directamente en materias primas. La posibilidad de invertir fácilmente en materias primas a través de los ETF es un avance relativamente nuevo en el mundo de las finanzas. Algunos inversores pueden querer aprovecharse añadiendo materias primas a su cartera.

Reducir la asignación a los bonos del Tesoro de EE.UU. Swensen recomienda una asignación del 30% a los bonos del Tesoro de EE.UU., dividida a partes iguales entre valores protegidos contra la inflación y bonos del Tesoro normales. Dada la actual rentabilidad históricamente baja de los bonos del Tesoro, que puede ser en parte el resultado de una flexibilización cuantitativa (o "impresión de dinero") sin precedentes por parte de la Reserva Federal, algunos inversores podrían querer reducir esta asignación.

Si se hacen estos ajustes, una cartera grande (de más de 200.000 dólares) podría incluir 25% Acciones estadounidenses

14% valores internacionales de mercados desarrollados
14% de acciones internacionales de mercados emergentes
s 15% TIPS
7% Tesoro de EE.UU.
9% Bienes inmuebles en EE.UU. 7% Bienes inmuebles extranjeros 9% de productos básicos

Algunos inversores pueden preferir una versión simplificada, "lite", que incluya menos retoques, ya sea porque tienen una cuenta más pequeña (menos de 200.000 dólares), o porque simplemente no desean complicarse con tantas clases de activos. Es posible **conseguir la diversificación de la cartera de Swensen utilizando un único ETF o un fondo indexado de bajo coste que contenga tres o cuatro activos clases.**

. . .

Swensen "lite":
  50% de acciones mundiales
  15% TIPS
  20% Bienes inmuebles de EE.UU.
  15% Bonos del Tesoro de EE.UU.

A no ser que sea algo que le interese, no merece la pena enfrascarse en los detalles. **La clave es elegir un plan ampliamente diversificado y que tenga sentido para usted, y seguirlo.**

¿Debe cambiar su asignación de activos a medida que envejece?

La opinión generalizada es que hay que cambiar la cartera por activos más conservadores a medida que se acerca la jubilación. Una regla general muy citada es que la cantidad de dinero que debe tener en acciones debe ser igual a 100 menos su edad. Así, una persona de 60 años sólo tendría el 40% en acciones (100 - 60 = 40), mientras que una persona de 25 años tendría el 75% (100 - 25 = 75). La idea es que, a medida que se acerca la fecha de jubilación, se dispone de menos tiempo para compensar los mercados bajistas y, por tanto, se puede asumir menos riesgo.

· · ·

Se trata de un consejo que suena lógico, pero que se apoya en pocas pruebas reales.

Las simulaciones históricas de cómo le ha ido a miles de estrategias diferentes de asignación de activos durante el último siglo no han demostrado que la disminución de la exposición a los activos de riesgo al final de un período de acumulación aumente la probabilidad de éxito de una cartera (en este caso, el "éxito" se definió como una cartera que sobrevivió a su propietario).

Si ha acumulado un poco de dinero que no quiere arriesgar en los mercados, una alternativa al ajuste de la asignación de activos de su cartera de inversiones es simplemente aumentar el tamaño de su fondo de reserva de emergencia.

Por ejemplo, supongamos que tiene la suerte de tener 5 millones de dólares y decide que quiere asegurarse de que 1 millón de dólares esté lo más libre de riesgo posible. Para proteger ese millón de dólares, lo colocas en cuentas bancarias o en TIPS a corto plazo y luego inviertes los 4 millones restantes.

8

Ponerlo en práctica: Cómo implementar sin problemas su asignación de activos objetivo utilizando ETFs

Cómo lograr una asignación de activos objetivo en cinco minutos o menos

Una vez que haya elegido una asignación de activos para su cartera, es fácil encontrar ETFs que ofrezcan una exposición única de compra y olvido a cada una de las clases de activos que desee poseer. Puede encontrar una lista de ETFs por clase de activos en etfdb.com.

Cuando tenga que elegir entre varios fondos que ofrecen exposición a la misma clase de activos, tenga en cuenta estos dos importantes factores:

- **Comisiones.** Los gastos de los ETFs deben

ser muy inferiores al 0,5% de los activos (a menudo denominados 50 "puntos básicos", donde 1 punto básico = 0,01%). Cuanto más baja sea la comisión, mejor.
- **Liquidez.** La *liquidez* es una medida de la actividad del mercado de una acción o un ETF. Si el mercado de un ETF no es muy activo, puede haber una gran diferencia entre el precio de compra y el de venta. Esta diferencia, denominada "diferencial", es un coste de transacción implícito que debe pagar cada vez que compra o vende un ETF. Busque los ETF más grandes (en términos de activos gestionados) para evitar un diferencial elevado.

Cómo comprar ETFs

Los ETF pueden comprarse a través de una agencia de valores de descuento exactamente igual que las acciones. Sólo tiene que seleccionar la opción "Comprar/Vender" o "Negociar" en la página de inicio de la agencia de valores, introducir el código bursátil del ETF que desea comprar e introducir el número de acciones que desea comprar. Los ETF de la tabla anterior son bastante líquidos, por lo que es seguro utilizar una *orden de mercado*. Esto significa que su orden se cumple inmediatamente al precio vigente en la bolsa. La alternativa es utilizar una orden *limitada en la* que usted fija manualmente el precio al que quiere comprar o vender acciones. Las órdenes limitadas se cumplen cuando una persona ofrece comprar al mismo precio que otra ofrece vender.

Para determinar el número de acciones de cada ETF que debe comprar, siga estos pasos:

1. **Multiplique el valor en dólares de su cartera total por la asignación a la clase de activos.** Esto le dará el valor total en dólares de su inversión en el ETF. Por ejemplo, si desea una exposición del 20% a las acciones estadounidenses y tiene una cartera total de 100.000 dólares, debería comprar 20.000 dólares del ETF de bolsa total de Vanguard para conseguirlo.
2. **Divida el valor en dólares de la inversión deseada en el ETF por el precio de la acción del ETF y redondee hacia abajo hasta la acción más cercana.** Si quiere invertir 20.000 dólares en el ETF de bolsa total de Vanguard y éste cotiza a 10 dólares la acción, entonces querrá comprar 2.000 acciones.

Explicación de las acciones y los bonos

La primera forma en que Ted y Bill podrían haber decidido estructurar su acuerdo es un simple acuerdo de "te lo devuelvo más tarde", equivalente a decir "¿Me prestas tu coche? Te prometo que te lo devolveré en dos horas". Para que el acuerdo resulte atractivo para Ted, Bill podría ofrecerse a darle tres fanegas de maíz adicionales al final de cada año hasta que se haya saldado la deuda ("¿Me prestas tu coche? Lo llenaré de gasolina antes de devolverlo").

Así, Ted recibiría pagos anuales de maíz además de la devolución de su inversión inicial al final del plazo del préstamo.

Si Ted y Bill hubieran estructurado el acuerdo de esta manera, habrían creado algo similar a un bono. En la actualidad, *los bonos* **son un tipo de deuda que representa un pagaré de un usuario de dinero (el "deudor"), como una empresa o un gobierno, a un proveedor de dinero (el "acreedor"), como un inversor**. A cambio del uso inmediato del dinero del acreedor, el deudor se compromete a realizar un pago periódico de intereses, así como a devolver la totalidad de la cantidad adeudada al final de un plazo fijo. Los acreedores pueden obtener un rendimiento positivo a lo largo de la inversión porque recuperan su inversión inicial al final del plazo y reciben pagos de intereses mientras tanto. Para nuestro ejemplo de Bill y Ted, digamos que el plazo es de tres años.

9

Cómo preparar un fondo de emergencia

Como ya sabes, una de las claves del éxito en la libertad financiera es estar bien preparado para el futuro. Una de las mejores cosas que podemos hacer para lograr la tranquilidad en nuestras vidas es planificar un fondo de emergencia.

Un fondo de emergencia nos ayudará a cubrir los déficits financieros cuando enfrentemos eventos inesperados en el futuro. Puede actuar como un salvavidas cuando nos encontramos sin dinero para cubrir cosas importantes.

Los fondos de emergencia deben ser muy fiables y solo deben tener inversiones garantizadas. Por ejemplo, las cuentas de ahorro son ideales para fondos de emergencia, mientras que las acciones o los objetos de colección (como las obras de arte que se pueden revender) no lo son. Esto se debe a que los fondos de emergencia deben ser líquidos o de fácil acceso.

En el mejor de los casos, no necesitarás utilizar tu fondo de emergencia y podrás mantener tus cuentas intactas durante largos períodos de tiempo. Por eso, se recomienda mantener dos fondos de inversión separados: uno para el corto plazo, y otro para el largo plazo. Esto se debe a que no es conveniente que únicamente tengas una cuenta a largo plazo con bajas inversiones.

El fondo de emergencia a corto plazo debe ser utilizado en el momento que tengas una necesidad importante e inmediata de dinero. Los fondos deberían ser fácilmente accesibles y, por ello es probable que devuelvan poco interés. Sin embargo, esta no debería ser tu principal preocupación, porque lo que más conviene es la accesibilidad. Lo ideal es que también tengas una tarjeta de débito vinculada a la cuenta y la opción de emitir cheques. Cada vez que tengas una emergencia a corto plazo, como reparaciones en tu casa o en tu automóvil, deberías poder acceder fácilmente a esta cuenta.

También puede ayudarte en situaciones más difíciles en las que probablemente necesites los fondos de tu cuenta de emergencia a largo plazo, como una manera inmediata de apaciguar la situación hasta que tengas los fondos en tus manos.

Los fondos de emergencia a largo plazo deben ser utilizados para ayudarte en emergencias mayores, tales como desempleo, problemas de salud, desastres naturales, entre otros.

Todavía es importante que los fondos sean de fácil acceso, pero está bien si tienes que esperar unos días hasta que puedas acceder al dinero. Mientras tanto, puedes utilizar los fondos de emergencia a corto plazo, como se mencionó antes.

Contar con un fondo de emergencia equivale a tener tranquilidad. Tu dinero se almacena de forma segura, esperando a ser utilizado en caso de que alguna vez lo necesites. No tienes que estresarte y pedir dinero prestado o endeudarte cuando surja un evento inesperado. Incluso si no puedes cubrir todo con el dinero de tu fondo de emergencia, con él reducirás la cantidad de dinero que necesitarías pedir prestado a otros.

¿Cuándo está bien retirar dinero de mi fondo de emergencia?

. . .

Mucha gente construye un fondo de emergencia, pero luego comienza a usarlo para cosas que no tienen nada que ver con eventos inesperados. Es importante darse cuenta de que un fondo de emergencia no está ahí para que lo uses siempre que necesites dinero para fines de entretenimiento.

Comprar el último teléfono inteligente o un televisor más grande no es una emergencia, incluso si tus dispositivos actuales se averían.

Para asegurarte de que siempre tendrás el fondo de emergencia disponible cuando realmente lo necesites, conviene poder identificar lo que constituye una verdadera emergencia. Una emergencia es un evento inesperado que requiere una acción inmediata de tu parte porque tiene el potencial de afectar tu calidad de vida.

He aquí algunas situaciones en las que estaría bien usar tus fondos de emergencia:

- Tu vehículo se avería y dependes de él para llegar al trabajo a tiempo. Las reparaciones no contempladas causadas por accidentes o mal funcionamiento inesperado en definitiva son emergencias. Sin embargo, el mantenimiento regular del vehículo no es una emergencia y deberías poder incluirlo en tu presupuesto.

- Viajes importantes. Si tienes que viajar para visitar a un familiar enfermo o para cerrar un negocio importante, entonces está perfectamente bien acceder a tus fondos de emergencia.

- Reparaciones en el hogar. Si un desastre natural o evento inesperado ha dañado tu casa, entonces está bien usar tu fondo de emergencia. Recuerda tratar de incluir el mantenimiento regular de tu casa en tu presupuesto y guarda tu fondo de emergencia exclusivamente para eventos inesperados.

- Emergencias de salud. Si tú o alguno de tus seres queridos se enfrenta a problemas de salud inesperados, para eso está tu fondo de emergencia.

- Reparar o reemplazar electrodomésticos importantes. Si tu congelador o estufa se descomponen y dependes de ellos, entonces está bien usar tus fondos de emergencia para reparar o reemplazar cualquier aparato doméstico importante.

Cómo construir el fondo de emergencia

Expertos en finanzas personales recomendaron hace muchos años que los fondos de emergencia deben cubrir por lo menos tres meses de tus gastos. Sin embargo, tras algunas de las crisis más recientes, la nueva recomendación es ahorrar al menos seis meses de gastos. Por supuesto, esta no es una tarea fácil cuando la economía actual no está en su mejor momento. Y aquellos que están tratando de salir de alguna deuda deben construir un pequeño fondo de emergencia (de $1000-2000, dependiendo de los niveles de ingreso) y enfocarse en eliminarla lo más rápido posible. Una vez que no estén limitados por la deuda, son libres de seguir aumentando su fondo de emergencia.

Para calcular cuánto necesitas ahorrar para tu fondo de emergencia, debes determinar qué implica 6 meses de gastos para ti. Hacer el cálculo es simple, solo suma lo que gastas al mes y multiplícalo por seis. La parte difícil es calcular con precisión cuánto gastas realmente. Trata de incluir todo lo que pagues cada mes, desde alimentos hasta seguros y servicios públicos. Siempre es una buena idea incluir también los gastos de temporada y de entretenimiento.

La cantidad de dinero que reservas cada mes para aumentar tu fondo de emergencia depende enteramente de lo que puedas pagar y con lo que te sientas cómodo. La mayoría de la gente estará bien con un fondo de emergencia a corto plazo de dos mil dólares y una vez que llegues a ese punto o a la cantidad con la que te sientas cómodo, puedes empezar a construir el fondo a largo plazo.

. . .

Al principio puede ser desalentador construir un fondo de emergencia. Básicamente, estás ahorrando mucho dinero que no podrás usar a menos que algo suceda. La cantidad que tienes que apartar es significativa y puede llevarte un tiempo alcanzar tu meta. Después de todo, ahorrar hasta 6 meses de gastos no tan fácil.

Aquí hay algunos consejos que puedes poner en práctica para construir un gran fondo de emergencia:

No lo pienses demasiado. Evita la parálisis del análisis cuando estés construyendo tu fondo de emergencia. Es mejor programar pagos automáticos cada mes para tu fondo en lugar de estar constantemente pensando en cuánto debes ahorrar cuando recibas tu cheque. Esto lo podrás convertir en hábito más rápido de lo que piensas.

Desvía tus gastos hormiga hacia tu fondo de emergencia. En promedio, la gente por lo general desperdicia una parte significativa de sus ingresos cada mes.

Ya sea que se trate de suscripciones innecesarias o de comer en restaurantes con demasiada frecuencia, siempre puedes echar un vistazo a tus gastos y determinar dónde están las fugas de dinero y los gastos hormiga. Después de este ejercicio de identificación, dale un mejor propósito a este dinero desviándolo hacia tu fondo de emergencia.

Haz buen uso de tus monedas. Un truco rápido y fácil para ahorrar dinero con mayor rapidez es tener un tarro para ahorros en tu casa y llenarlo de poco en poco cuando tengas algo de cambio en tu bolsillo. Te sorprenderás de lo rápido que puedes ahorrar una buena cantidad de dinero en efectivo con este método directamente sacado de nuestra infancia.

Organízate por "pedazos". Determina cuál es tu meta a corto y largo plazo para los fondos de emergencia y divídela en pequeñas porciones que puedas administrar cada mes.

Prémiate a ti mismo. Está perfectamente bien celebrar cada vez que hayas alcanzado tus metas. Por ejemplo, derrocha un poco y compra algo que haya estado en tu lista de "deseos" (dentro de lo razonable, por supuesto) cuando alcances tu meta de fondo de emergencia a corto plazo.

. . .

Elementos clave de un buen fondo de emergencia

Muy bajo riesgo. Los inversores saben que la tasa de rendimiento de una inversión suele ser proporcional al grado de riesgo que tienen. Una inversión arriesgada tiene el potencial de devolver grandes rendimientos, pero también existe una mayor posibilidad de que pierdas tu dinero. Por eso es importante tener inversiones de bajo riesgo en tu fondo de emergencia. Las cuentas de cheques y de ahorros son excelentes opciones, al igual que el efectivo.

Si estás guardando mucho dinero en una sola cuenta, procura que esté asegurada por el gobierno federal. Las inversiones de bajo riesgo, como las letras y bonos del Tesoro, también pueden ser una buena opción para los fondos de emergencia. Pero es importante reservar estas opciones para el fondo de emergencia a largo plazo y no para el de corto plazo.

Alta liquidez. Esto significa que tus activos puedan convertirse rápidamente en efectivo listo para usar. Las cuentas de ahorro son totalmente líquidas porque están formadas por dinero en efectivo. Los bonos, aunque son una gran opción para fondos de emergencia a largo plazo debido a su naturaleza de bajo riesgo, tienen que ser vendidos para que tú puedas usar el dinero, y en caso de emergencia es poco probable que tengas tiempo de sobra.

Fácilmente accesible. Imagina que tuviste una emergencia médica y necesitabas de acceso rápido a tu dinero, pero actualmente este está en una cuenta que toma 5 días para que puedas acceder a él.

No siempre es posible esperar, por eso es importante tener un fondo de emergencia tanto a corto como a largo plazo.

Un fondo de emergencia bien planeado puede ser un elemento clave para tu éxito financiero. Tener el dinero listo para ti en el momento exacto en que te enfrentas a una situación inesperada puede ser muy liberador y también te ayudará a alcanzar tus metas financieras sin sufrir grandes reveses o tener que pedir prestado el dinero con una tasa de interés.

10

No hagas esto al presupuestar

Aunque los fundamentos de un presupuesto son bastante simples, puede ser fácil perder el rumbo y cometer errores que nos llevarán de vuelta a donde estábamos antes. Es especialmente común cometer errores al principio. En la mayoría de los casos, saber cómo manejar o evitar estos errores hará toda la diferencia en si eres capaz de apegarte a un presupuesto o si vas a renunciar después de unas pocas semanas o incluso días.

Echemos un vistazo a algunos de los errores más comunes:

Establecer un presupuesto demasiado estricto. La idea de crear un presupuesto puede entusiasmarte y hacerte sentir que no puedes esperar para empezar a ahorrar mucho dinero y priorizar tus gastos. Es muy fácil exagerar y crear un presupuesto demasiado estricto.

Esto será contraproducente y terminará frustrándote en un grado muy alto, porque es muy difícil pasar de gastar mucho cada mes a casi nada. Además, muchos de nuestros gastos tienden a fluctuar de un mes a otro, por lo que es importante no establecer un presupuesto demasiado estricto. Por ejemplo, tal vez gastas más durante diciembre debido a las fiestas que durante los meses de primavera, así que es importante ajustar nuestros presupuestos de acuerdo con ello. Si realmente quieres poner fuertes restricciones a tus gastos para alcanzar tus metas financieras, lo mejor es que reduzcas tus gastos gradualmente, un poco menos cada mes, para que no sientas el impacto total inmediato.

Revisar el presupuesto solo a finales de mes. Revisar tus gastos y las entradas y salidas de efectivo una vez al mes no es muy buena idea. Presupuestar se trata de controlar tus gastos y es difícil tomar decisiones conscientes si esperas hasta el final del mes para registrar todo y revisar tus hábitos. Cuando optas por revisar las cosas una vez al mes, es muy fácil exceder tu presupuesto y no hacer ningún progreso.

. . .

Una mejor opción es llevar el seguimiento de tus gastos por lo menos una vez a la semana para que puedas controlar mejor a dónde va todo. Es aún mejor si puedes registrar todo el mismo día que haces la compra, para estar seguro de que no estás gastando más dinero del que habías contemplado.

Complicar demasiado las cosas. No es necesario tener una estrategia de gastos elaborada o utilizar herramientas financieras avanzadas para crear un buen plan de gastos. Trata de mantener las cosas tan simples como sea posible para que puedas llevar un registro de todo fácilmente y no lo empieces a sentir como una ardua tarea. Usar lápiz y papel o un software básico de hoja de cálculo que pueda ser fácilmente ajustado debería ser más que suficiente para la mayoría.

Usar herramientas o software anticuados. Los programas de software y aplicaciones pueden hacer que llevar el seguimiento de nuestros gastos sea una tarea divertida y nada complicada. Sin embargo, es importante elegir nuestras herramientas sabiamente, porque puede ser fácil perder el control de nuestros gastos cuando nuestro software no está actualizado. El no tener nuestro software de finanzas personales actualizado podría ocasionar que nuestras diferentes cuentas tengan problemas para estar correctamente enlazadas y sincronizadas.

No prestar atención a las compras pequeñas. Es común que te acostumbres a hacer un seguimiento de todos tus gastos grandes y luego te olvides de los pequeños que haces con más frecuencia. Los gastos pequeños pueden ser una taza de café de 2 dólares al día o un corte de pelo de 20 dólares cada dos o tres semanas. Puede que te parezcan insignificantes, pero tal vez no te hayas dado cuenta de cuánto suman estos gastos hormiga a lo largo de doce meses. Haz todo lo posible para hacer un seguimiento de tus pequeños gastos.

No importa si parecen insignificantes: recuerda que todo esto es importante para que tener una idea realista de cuánto estás gastando.

Confundir los deseos con las necesidades. La gente que disfruta gastar su dinero (que sería prácticamente todo el mundo) tiende a cometer el error de clasificar sus deseos como necesidades cuando planifica su presupuesto. Nuestras necesidades tienden a tener mucha prioridad a la hora de elaborar nuestros presupuestos, mientras que nuestros deseos pasan a un segundo plano. Cosas como vivienda, comida y transporte son necesidades. Tener un auto deportivo o comer en restaurantes puede que se relacionen con el transporte y la alimentación, pero son deseos, no necesidades.

No hacer tu presupuesto basado en tus necesidades y metas personales. Muchas veces, los presupuestos fallan porque están basados en el presupuesto de otra persona o porque están basados en una idea de lo que la gente piensa que la persona promedio debería estar gastando. En realidad, los presupuestos funcionan mejor cuando se adaptan a tus propias necesidades y objetivos y no a los de los demás. Por supuesto, las necesidades de los miembros de tu familia u otras personas que viven contigo o que comparten tus gastos también deben ser consideradas.

Olvídate de hacerle competencia a las compras de tus vecinos. Aunque parezca que todos en tu vecindario tienen un auto nuevo, no te sientas tentado a seguirles el ritmo.

Tienes mayor oportunidad de lograr el éxito financiero cuando tu plan se adapta a tus prioridades.

Adivinar tus gastos. Cuando estés planeando tu presupuesto por primera vez, es probable que no sepas con exactitud cuánto debes asignar a cada una de las categorías que has incluido. Podrías estar tentado a hacer una conjetura e incluir estimaciones aproximadas, pero es una mejor idea echarle un vistazo a los últimos 2-4 meses de tus gastos y obtener una cifra más precisa del promedio.

No llevar un registro de tus gastos. Esto puede sonar obvio, pero es esencial que lo sepas: si no estás llevando el control de tus gastos, nunca sabrás cuánto has gastado y si has llegado o no a tu límite. La clave para un presupuesto exitoso es encontrar el mejor método y plan que funcione para ti; algo que sea fácil y conveniente de usar. Si estás usando una aplicación, asegúrate de que te guste la interfaz y que todo tenga sentido. Si estás haciendo el seguimiento en papel, procura tener tu lápiz y papel en un lugar de fácil acceso. No debería tomarte más de 5 a 10 minutos todos los días.

No trabajar en equipo. Si estás casado o vives con tu pareja, uno de los mayores errores que pueden cometer es no trabajar juntos en el presupuesto. Es importante que todos estén comprometidos con la causa y que sepan en qué situación financiera se encuentran.

Tener a otra persona a bordo con tu plan financiero te ayudará a mantenerte apegado a tus decisiones, ya que ellos pueden proporcionarte apoyo cuando trabajas en equipo.

Trabajar juntos en un presupuesto también puede prevenir discusiones o desacuerdos que giran en torno al dinero.

Pedir dinero prestado de otra categoría. Imagina que has gastado todo el dinero que asignaste para entretenimiento este mes, y tus gastos de alimentación todavía tienen dinero de sobra. Puede ser tentador "pedir prestado" dinero de una categoría y usarlo para financiar otra, pero recuerda que esto puede ser muy contraproducente y no te ayudará a inculcar el hábito de la disciplina y establecer límites saludables en tu vida financiera.

Verte constantemente tentado. Si sabes que te va a costar mucho esfuerzo no comprar un televisor nuevo si visitas la tienda de electrónicos, entonces evita ir allí en la medida de lo posible.

Ponerte en situaciones tentadoras puede hacer que te sea extremadamente difícil cumplir con tu plan. Si sabes que has agotado tu presupuesto para comer en restaurantes en lo que queda del mes, empaca tu almuerzo preparado encasa la próxima vez que vayas a trabajar.

No dejar dinero para el ocio. Si te restringes y no reservas algo de dinero para divertirte o comprar algo que deseas, será más difícil mantener tu presupuesto al largo plazo y es más probable que derroches dinero con frecuencia. Asegúrate de reservar dinero cada mes para fines de entretenimiento. Ceder ante algún gusto ocasional está bien, pero debe ser planeado e incluido en tu estrategia.

Dejar los ahorros fuera de tu presupuesto. Al presupuestar, la mejor manera de ver los ahorros es como si fueran gastos mensuales. Además, lo ideal es que te acerques a los ahorros de forma automatizada para que te acostumbres y evites gastar en exceso o hacer compras innecesarias.

11

Evalúa periódicamente tu estrategia

Las buenas estrategias y planes requieren seguimiento y reevaluación periódicos. Lo mismo aplica para los presupuestos. Tu vida diaria siempre está cambiando, y necesitas asegurarte de que tu plan de presupuesto siempre esté al día.

Tus necesidades para el próximo año podrían ser muy diferentes a las actuales.

Cuando empieces a presupuestar, los primeros dos meses serán los más difíciles porque no estás acostumbrado a rastrear y vigilar de cerca tus gastos, ni a determinar cuánto dinero te queda para ciertas cosas. Para el tercer mes, probablemente ya habrás resuelto algunos de los problemas y las cosas empezarán a fluir sin que tengas que pensarlas demasiado. Tu meta es seguir adelante con los meses iniciales y seguir con el presupuesto el tiempo suficiente hasta convertirlo en un hábito.

Si te las arreglas para seguir con el presupuesto durante 4-5 meses, entonces estarás ya en el buen camino para tener el control total de tus finanzas.

He aquí algunas preguntas que debes hacerte si sientes que las cosas no están funcionando después de unos meses:

- ¿Estoy calculando mis gastos e ingresos con exactitud?
- (Si vives con otros) ¿Estoy contemplando los gastos de mi pareja o de los miembros de mi familia?
- ¿Estoy siendo demasiado restrictivo con mis gastos?
- ¿Está mi estrategia basada en el presupuesto de otra persona, o en números realistas de lo que puedo ganar y gastar?

Es buena idea que revises tu plan cada uno o dos meses durante el primer año que comiences a presupuestar. Si consideras que está funcionando muy bien para ti, puedes empezar a revisarlo cada 3-5 meses. Después de un tiempo, probablemente solo necesites revisarlo una vez al año. Sin embargo, si hay cambios importantes en tu vida financiera, como conseguir un nuevo trabajo, el desempleo, el aumento de los costos de alquiler, etcétera, tendrás que tomar medidas rápidamente y ajustar tu plan de acuerdo con tu situación actual. Además, los grandes gastos implican hacer recortes significativos en varias categorías para que todo funcione de nuevo.

Siempre que te encuentres con obstáculos en el camino, recuerda que las circunstancias de la vida cambian y no hay que tener miedo a hacer cambios que puedan beneficiarte a ti y a quienes te rodean. Al tener un presupuesto, estarás muy por delante de la mayoría de la gente cuando de administrar el dinero se trata, y tendrás una base sólida que te permitirá alcanzar tus metas financieras más rápido de lo que te imaginas.

Conclusión

Las inversiones, los presupuestos y los fondos no son nada del otro mundo, pero sí que requieren práctica, paciencia y mucha responsabilidad. El dinero no cae del cielo, pero sí que puedes aprender a mejorar tus finanzas personales y crecer tu dinero. Este libro debería poder guiarte a través del complejo e interesantísimo mundo del crecimiento de la riqueza.

Como has visto, crecer tu propio capital es una cuestión de estrategia y conocimiento. Las inversiones cambian constantemente en un mundo que también es vertiginoso. La prudencia y la ética son otros dos grandes componentes del bienestar financiero. Recuerda que en tu camino a unas mejores prácticas debes evitar dañar a otros. La honestidad será siempre tu mejor rumbo al éxito.

Conclusión

Por lo demás, el aprendizaje no se acaba aquí. Familiarízate con las nuevas maneras de administrar tu dinero, como las bancas móviles, y sobre estrategias emergentes de monetización.

Las redes sociales y el intercambio de criptomonedas parecen tomar el liderazgo en cuanto a movimiento de capital se refiere. Mantente actualizado sobre estas nuevas tendencias y anticípate a invertir en infraestructuras y productos de valor. Seguramente encontrarás muchos otros libros que pueden auxiliarte en esta materia, así como videos en Internet o algún amigo inversor cercano a ti.

Si tienes la oportunidad de compartir tus conocimientos financieros con un asesor, hazle las preguntas que juzgues necesarias para involucrarte con confianza en los mercados.

Si conoces a alguien que necesita mejorar su situación financiera, aprendan juntos y tomen como referencia todos aquellos recursos que les sean de confianza.

Por último, recuerde que ningún libro es una varita mágica: también se requiere de disciplina y estudio. Sin embargo, siempre es posible mejorar, y el primer paso es tomar la decisión de hacerlo. ¡Éxito!

www.ingramcontent.com/pod-product-compliance
Lightning Source LLC
LaVergne TN
LVHW021720060526
838200LV00050B/2776